Alfabetização em contextos monolíngue e bilíngue

Coleção de Linguística

Coordenadores
Gabriel de Ávila Othero – Universidade Federal do Rio Grande do Sul (UFRGS)
Sérgio de Moura Menuzzi – Universidade Federal do Rio Grande do Sul (UFRGS)

Conselho consultivo
Alina Villalva – Universidade de Lisboa
Carlos Alberto Faraco – Universidade Federal do Paraná (UFPR)
Dante Lucchesi – Universidade Federal Fluminense (UFF)
Leonel Figueiredo de Alencar – Universidade Federal do Ceará (UFC)
Letícia M. Sicuro Correa – Pontifícia Universidade Católica do Rio de Janeiro (PUC-Rio)
Luciani Ester Tenani – Universidade Estadual de São Paulo (Unesp)
Maria Cristina Figueiredo Silva – Universidade Federal do Paraná (UFPR)
Roberta Pires de Oliveira – Universidade Federal de Santa Catarina (UFSC)
Roberto Gomes Camacho – Universidade Estadual de São Paulo (Unesp)
Valdir Flores – Universidade Federal do Rio Grande do Sul (UFRGS)

Dados Internacionais de Catalogação na Publicação (CIP)
(Câmara Brasileira do Livro, SP, Brasil)

Alves, Ubiratã Kickhöfel
   Alfabetização em contextos monolíngue e bilíngue / Ubiratã Kickhöfel Alves, Ingrid Finger. – Petrópolis, RJ : Vozes, 2023. – (Coleção de Linguística)

   Bibliografia.
   ISBN 978-65-5713-771-0

   1. Alfabetização 2. Aprendizagem 3. Bilinguismo 4. Leitura 5. Monolinguismo I. Finger, Ingrid. II. Título. III. Série.

22-127946 CDD-372.4

Índices para catálogo sistemático:
1. Alfabetização : Educação   372.4

Cibele Maria Dias – Bibliotecária – CRB-8/9427

UBIRATÃ KICKHÖFEL ALVES
INGRID FINGER

Alfabetização em contextos monolíngue e bilíngue

EDITORA
VOZES

Petrópolis

© 2023, Editora Vozes Ltda.
Rua Frei Luís, 100
25689-900 Petrópolis, RJ
www.vozes.com.br
Brasil

Todos os direitos reservados. Nenhuma parte desta obra poderá ser reproduzida ou transmitida por qualquer forma e/ou quaisquer meios (eletrônico ou mecânico, incluindo fotocópia e gravação) ou arquivada em qualquer sistema ou banco de dados sem permissão escrita da editora.

CONSELHO EDITORIAL

Diretor
Gilberto Gonçalves Garcia

Editores
Aline dos Santos Carneiro
Edrian Josué Pasini
Marilac Loraine Oleniki
Welder Lancieri Marchini

Conselheiros
Elói Dionísio Piva
Francisco Morás
Ludovico Garmus
Teobaldo Heidemann
Volney J. Berkenbrock

Secretário executivo
Leonardo A.R.T. dos Santos

Revisão técnica: Rosângela Gabriel
Diagramação: Sheilandre Desenv. Gráfico
Revisão gráfica: Jaqueline Moreira
Capa: Editora Vozes

ISBN 978-65-5713-771-0

Este livro foi composto e impresso pela Editora Vozes Ltda.

Apresentação da coleção

Esta publicação é parte da **Coleção de Linguística** da Vozes, retomada pela editora em 2014, num esforço de dar continuidade à coleção coordenada, até a década de 1980, pelas professoras Yonne Leite, Miriam Lemle e Marta Coelho. Naquele período, a coleção teve um papel importante no estabelecimento definitivo da Linguística como área de pesquisa regular no Brasil e como disciplina fundamental da formação universitária em áreas como as Letras, a Filosofia, a Psicologia e a Antropologia. Para isso, a coleção não se limitou à publicação de autores fundamentais para o desenvolvimento da Linguística, como Chomsky, Langacker e Halliday, ou de linguistas brasileiros já então reconhecidos, como Mattoso Câmara; buscou também veicular obras de estudiosos brasileiros que então surgiam como lideranças intelectuais e que, depois, se tornaram referências para disciplina no Brasil – como Anthony Naro, Eunice Pontes e Mário Perini. Dessa forma, a **Coleção de Linguística** da Vozes participou ativamente da história da Linguística brasileira, tendo ajudado a formar as gerações de linguistas que ampliaram a disciplina nos anos de 1980 e 1990 – alguns dos quais ainda hoje atuam intensamente na vida acadêmica nacional.

Com a retomada da **Coleção de Linguística** pela Vozes, a editora quer voltar a participar decisivamente das novas etapas de desenvolvimento da disciplina no Brasil. Agora, trata-se de oferecer um veículo de disseminação da informação e do debate em um novo ambiente: a Linguística é hoje uma disciplina estabelecida nas universidades brasileiras; é também um dos setores de pós-graduação que mais crescem no Brasil; finalmente, o próprio quadro geral das universidades e da pesquisa brasileira atingiu uma dimensão muito superior à que se testemunhava nos anos de 1970 a 1990. Dentro desse quadro, a **Coleção de Linguística** da Vozes tem novas missões a cumprir:

- em primeiro lugar, é preciso oferecer aos cursos de graduação em Letras, Filosofia, Psicologia e áreas afins material renovador, que permita aos alunos integrarem-se ao atual patamar de conhecimento da área de Linguística;

- em segundo lugar, é preciso continuar com a tarefa de colocar à disposição do público de língua portuguesa obras decisivas do desenvolvimento, passado e recente, da Linguística;

- finalmente, é preciso oferecer ao setor de pós-graduação em Linguística e ao novo e amplo conjunto de pesquisadores que nele atua um veículo adequado à disseminação de suas contribuições: um veículo sintonizado, de um lado, com o que se produz na área de Linguística no Brasil; e, de outro, que identifique, nessa produção, aquelas contribuições cuja relevância exija uma disseminação e atinja uma público mais amplo, para além da comunidade dos especialistas e dos pesquisadores de pós-graduação.

Em suma, com esta **Coleção de Linguística**, esperamos publicar títulos relevantes, cuja qualidade venha a contribuir de modo decisivo não apenas para a formação de novas gerações de linguistas brasileiros, mas também para o progresso geral dos estudos das Humanidades neste início de século XXI.

Gabriel de Ávila Othero
Sérgio de Moura Menuzzi
Organizadores

Sumário

Apresentação, 9

Introdução, 17

1. Letramento, alfabetização e literacia: Conceitos distintos (mas próximos), 25
    1.1. 'Alfabetização', 'letramento' e 'literacia': em meio à confusão terminológica, 29
    1.2. Uma proposta de conceituação, 35
        1.2.1. Habilidades Sociometalinguísticas, 37
        1.2.2. Literacia Alfabética, 42
        1.2.3. Literacia Textual, 43
        1.2.4. Literacia Social, 45
    1.3. Considerações adicionais sobre o Modelo, 46
    1.4. Considerações finais, 49

2. O papel da consciência fonológica na alfabetização, 55
    2.1. As habilidades de consciência fonológica e os níveis de literacia, 60
    2.2. Consciência fonológica no nível da sílaba, 62
    2.3. Consciência fonológica no nível intrassilábico, 65
    2.4. Considerações finais, 68

3. Aprendendo a ler e escrever: O que caracteriza o processo de alfabetização, 73
    3.1. Alfabetização e consciência grafofonológica, 77
    3.2. As etapas de aprendizagem da leitura, 85
    3.3. Relação entre as fases de alfabetização e os níveis de literacia, 89
    3.4. Considerações finais, 93

4. Bases neurobiológicas da alfabetização e da leitura, 101
    4.1. Aprender a ler não é um processo natural como a fala, 104
    4.2. Como nosso cérebro processa a aprendizagem da leitura?, 106
    4.3. Regiões cerebrais envolvidas na leitura, 113
    4.4. As duas rotas da leitura, 116
    4.5. Considerações finais, 119

5. E quando a alfabetização acontece em duas línguas?, 121
    5.1. Alfabetização bilíngue: Em que circunstâncias ela acontece?, 123
    5.2. A transferência de habilidades de leitura e escrita entre as línguas na alfabetização bilíngue, 128
    5.3. Ativação das habilidades metafonológicas nas duas línguas, 133
    5.4. Considerações finais, 140

6. Alfabetização bilíngue e o desenvolvimento da consciência fonológica, 143
    6.1. Desenvolvimento das habilidades metafonológicas na LA, 148
    6.2. Consciência sobre o sistema de sons da LA, 157
    6.3. Implicações pedagógicas, 162
    6.4. Considerações finais, 166

7. Conclusão, 168

Referências, 177

Apresentação

A publicação da obra **Alfabetização em contextos monolíngue e bilíngue**, de autoria de Ubiratã Alves e Ingrid Finger, ambos pesquisadores e professores universitários com reconhecida trajetória nos estudos linguísticos, ocorre em um momento oportuno no contexto nacional, uma vez que cresce a consciência de que a fluência em línguas adicionais não é alcançada em aulas de uma, duas ou três horas semanais, isoladas na grade curricular. A desenvoltura na comunicação oral e escrita, tanto em língua materna quanto em línguas adicionais, é uma conquista decorrente do uso dos sistemas linguísticos em práticas discursivas, se não cotidianas, pelo menos muito frequentes. Essa consciência tem levado muitas escolas a implementarem currículos bilíngues, em que professores e estudantes propõem-se a estudar **na** língua alvo, e não **a** língua alvo. Essa é uma mudança de paradigma, pois ao invés de ter aulas de inglês, por exemplo, estuda-se matemática, história, geografia… em inglês.

Os desafios e as dificuldades são inerentes a uma mudança de paradigma como essa, mas pode-se pensar também nos ganhos acarretados pela necessidade de apropriar-se do vocabulário e das formas de se expressar para falar e escrever na língua alvo. As mudanças de paradigma revelam que ninguém está suficientemente preparado para elas, que as experiências anteriores, os livros e nossa formação prévia não trazem as fórmulas para o sucesso. Ao implementar um currículo bilíngue, professores, pais e alunos precisam estar dispostos a criar o novo, a testar alternativas ao longo do percurso, "a trocar o pneu com o carro andando". Por outro lado, a reflexão, a pesquisa e o estudo podem nos ajudar a prever e a minimizar as dificuldades, e essa é a grande contribuição da presente obra, que bebe das fontes mais atualizadas da pesquisa na Neuropsicolinguística da Leitura, a fim de discutir os fundamentos e as práticas da educação monolíngue e bilíngue.

Um dos primeiros pontos de reflexão para a comunidade escolar, e para a sociedade em geral, diz respeito às concepções sobre a linguagem oral e escrita em língua materna e em línguas adicionais. Nossa intuição como usuários proficientes da língua oral e da língua escrita pode nos levar a grandes equívocos no que diz respeito ao processo de aprendizagem dessas modalidades da linguagem. A mediação do conhecimento exige que nos coloquemos no lugar de quem não sabe, para que possamos vislumbrar os microprocessos que conduzem (e que nos conduziram) ao uso proficiente. A "maldição do conhecimento", expressão usada para caracterizar aquele que sabe algo, mas que não consegue identificar as possíveis lacunas de conhecimento dos outros – de seus alunos, por exemplo – pode ser um alerta para o perigo de pensar a aprendizagem com base apenas na intuição. A educação, assim como outras áreas do conhecimento, deve ter na pesquisa científica uma aliada, um antídoto contra os "achismos".

As pesquisas sobre alfabetização vêm demonstrando que a aprendizagem de um sistema escrito para representar a linguagem oral acarreta mudanças na arquitetura cerebral. Desde o nascimento, o cérebro do bebê ouvinte busca mapear as formas acústicas, usadas pelos adultos ao seu redor, em significados, de tal forma que, em torno dos 9 meses, já podemos perceber que o bebê compreende várias expressões linguísticas e, em torno de 12 meses, o próprio bebê usa a linguagem oral para se comunicar. Esse processo de aquisição da linguagem oral especializa regiões do cérebro para que o estímulo auditivo trafegue de forma rápida e eficiente até as regiões de processamento semântico. Por outro lado, a linguagem escrita estimula inicialmente as regiões cerebrais especializadas no processamento visual. Entretanto, como detalhado no Capítulo 4, ler não se limita a identificar caracteres: é necessário conectar a informação visual à informação linguística, e para isso o cérebro recicla neurônios do córtex visual (DEHAENE, 2012), que passarão a dar tratamento especializado ao sistema de escrita usado, conectando as regiões cerebrais de processamento visual às regiões de processamento semântico.

As escritas alfabéticas como português e inglês partem de um princípio, de uma chave de decodificação: letras representam sons, e não significados, por exemplo. Os significados são representados por conjuntos de letras dispostas em ordem análoga a dos sons da linguagem oral. O princípio alfabético pode ser considerado uma das maiores invenções tecnológicas da humanidade, pois por meio da combinação de um conjunto limitado de caracteres (em torno de 26, dependendo da língua) representamos por escrito a linguagem, o pensamento, as tecnologias, o conhecimento armazenado ao longo de séculos. Essa tecnologia, aparentemente simples, guarda, entretanto, alguns segredos invisíveis a "olho nu". Examinemos dois deles.

Um primeiro segredo diz respeito ao que chamamos de sons. A Fonética e a Fonologia são duas áreas científicas que se dedicam ao estudo dos sons produzidos pelo aparelho fonador humano, a primeira assumindo uma perspectiva que investiga as propriedades físicas do som, enquanto a segunda dedica-se a analisar o papel desses sons, tecnicamente falando, os fonemas, em um determinado sistema linguístico. As pesquisas da Fonética e da Fonologia nos ajudam a "ver" que a linguagem oral é formada por sequências sonoras, cujas fronteiras não guardam paralelismo imediato com aquelas identificadas na língua escrita. Analisar a linguagem oral em suas partes constituintes, como as palavras, as sílabas, as aliterações (sons iniciais das palavras) e as rimas é o primeiro passo em direção à aprendizagem da leitura. No Capítulo 2, aprendemos que jogos de linguagem, músicas, poesias, parlendas, trava-línguas podem ser aliados preciosos no desenvolvimento dessa capacidade de análise pelas crianças, em que a linguagem é a matéria prima do brinquedo.

Um segundo segredo da tecnologia de escrita em um sistema alfabético diz respeito às formas gráficas, ou seja, às letras. Como adultos, pensamos no alfabeto como uma sequência convencionada de letras: ABCDE.... Para dizer o alfabeto, usamos os nomes das letras: por exemplo, a letra F é identificada como "éfi". No entanto, ao lermos a palavra "faca", soletrar "éfi - a - se - a" não nos ajuda a acessar o significado de "faca". Portanto, o nome das letras pode nos ajudar a fazer referência a elas, a nomeá-las, mas, para aprender a ler, é necessário associar as letras aos fonemas que representam em um determinado sistema linguístico, para assim acessar a imagem acústica e o significado da palavra, já armazenados em nosso léxico mental (Souza; Gabriel, 2015). No caso de palavras novas, o encontro com a forma escrita pode preceder o encontro com a forma oral, e contribuir significativamente para a ampliação do repertório de palavras conhecidas em uma ou mais línguas. Temos aqui outros desafios da educação bilíngue, também abordados no Capítulo 5: ter consciência de que as mesmas letras representam fonemas distintos em línguas diferentes (pense no som de "i" em "igreja" e em iPhone) e ampliar o repertório de palavras conhecidas em suas formas orais (pronúncia) e escritas (ortográficas) tanto na língua materna quanto nas línguas adicionais.

O sistema alfabético apresenta muitos outros segredos invisíveis a "olho nu", que são abordados neste livro de forma didática, buscando contribuir para a elaboração de propostas pedagógicas que considerem as formas como o cérebro aprende. O ambiente cultural no qual o aprendiz está inserido pode alavancar ou inibir aprendizagens. A família, a escola, a sala de aula e o professor podem atuar como andaimes, auxiliando a criança a desenvolver as habilidades necessárias para novas aprendizagens. Podemos pensar na imagem de um bebê que ainda não é capaz de caminhar sozinho, mas que, de mãos dadas com um adulto, é capaz de exercitar seu corpo até encontrar o ponto de equilíbrio para caminhar sozinho. Assim, os autores propõem que o processo de alfabetização, em uma ou em várias línguas, seja pautado por atividades de reflexão e manipulação das relações grafofonológicas. À medida que a criança brinca com a sonoridade da linguagem e exercita sua análise – ou seja, a quebra das cadeias sonoras em unidades menores –, e familiariza-se com o traçado das letras, vai mapeando essas relações. Amparada pelo professor, a criança aprende a ler, progredindo paulatinamente em direção à habilidade de ler de forma autônoma e de usar a leitura como ferramenta para novas aprendizagens.

Os sistemas de escrita podem ser comparados a tecnologias de expansão da memória, a "drives" externos em geral mais estáveis e talvez mais confiáveis do que a nossa memória biológica. Graças aos sistemas de escrita, registramos em livros, tratados, cadernos e, nas últimas décadas, em computadores, tanto as memórias individuais quanto as coletivas. Com o desenvolvimento da literacia, ou seja, das mudanças cognitivas decorrentes da aprendizagem da leitura, como abordado no Capítulo 1, abre-se um novo caminho cerebral para acessar a linguagem e os significados: assim, cria-se no cérebro uma espécie de triangulação, em que a linguagem oral remete ao significado e também à forma ortográfica da palavra; a forma ortográfica, por sua vez, aciona a imagem acústica e o significado; o significado aciona suas representações acústica e ortográfica. Portanto, à memória auditiva conecta-se a memória visual (ortográfica) da palavra. A interconectividade entre essas representações é ainda mais densa em bilíngues, que dispõem de mais imagens acústicas e representações ortográficas, além de categorias culturalmente mapeadas para os significados. A construção dessa rica malha de conexões no cérebro bilíngue pode demandar mais tempo de aprendizagem, se comparada à monolíngue, mas os ganhos a longo prazo, tanto do ponto de vista cognitivo quanto social, valem a pena.

Uma das questões que pode inquietar professores e pais é quando iniciar a educação bilíngue e quando trazer a linguagem escrita para o cotidiano infantil. Essa é uma questão importante, pois nas culturas letradas pode-se pensar em quatro habilidades básicas ligadas a cada língua: compreender, falar, ler e escrever. Se pensarmos na aquisição simultânea de duas línguas, deveríamos multiplicar por dois esse conjunto de habilidades? Novamente, ao invés de confiarmos nos achismos, que levaram muitas famílias a evitar a educação bilíngue na infância, podemos buscar nas pesquisas científicas, amplamente referenciadas nesta obra, os argumentos para sustentar a possibilidade e as vantagens da educação bilíngue desde os primeiros anos de vida. De fato, o que vai garantir o sucesso da aprendizagem de duas línguas simultaneamente é a constância de uso dessas línguas em atividades comunicativas com outros interlocutores, monitoradas, mediadas e instigadas pelo professor. Além de atividades de conversação oral nas línguas alvo, é fundamental que a variedade linguística usada nos textos escritos, em especial, na literatura infantil, seja aprendida por meio da leitura compartilhada (Gabriel; Morais, 2016). A linguagem usada na modalidade escrita não reproduz fielmente a linguagem usada na oralidade, pois apresenta construções mais variadas e maior apuro estético. É importante que as crianças sejam expostas ao vocabulário, à sintaxe, às construções discursivas de ambas as modalidades (oral e escrita), tanto na língua materna quanto nas línguas adicionais. Portanto, a leitura de livros na língua materna e na língua adicional pode ser iniciada nos primeiros anos de vida, assim como é desejável que a educação bilíngue inicie junto com o ingresso da criança na escola, ou ainda antes, no caso de famílias bilíngues.

Dessa forma, ao longo da Educação Infantil, ou seja, do primeiro quinquênio de vida, podemos dar às crianças oportunidades de desenvolverem conhecimentos sobre os vários níveis da linguagem (fonológico, lexical, sintático, pragmático) e também de ampliarem os conhecimentos sobre diversos temas vivenciados no cotidiano escolar e também sobre temas trazidos por meio das experiências com os livros e com os assuntos neles abordados. A compreensão da linguagem oral e a compreensão dos textos lidos por adultos contribui para a formação do repertório de conhecimentos em uma ou mais línguas, que por sua vez permite que as crianças enfrentem com segurança os desafios da educação formal, no Ensino Fundamental, contribuindo para a compreensão leitora realizada posteriormente de forma autônoma. A cada etapa, é importante que o professor planeje intervenções que estejam à frente do desenvolvimento, impulsionando aprendizagens, sem, no entanto, apresentar metas inatingíveis, como os autores destacam ao final do primeiro capítulo. Pequenos sucessos alimentam a motivação e contribuem para que as crianças sintam-se seguras e capazes de aprender. O feedback, ou seja, mostrar ao aprendiz o que é adequado e o que não é, é uma das melhores maneiras de alavancar a aprendizagem (Dehaene, 2020) e de não deixar que o erro se torne um hábito. Assim sendo, um dos grandes desafios do processo ensino-aprendizagem é proporcionar feedback de forma positiva, por meio de exemplos e de modelos que possam inspirar os aprendizes.

Considerando especificamente o processo de alfabetização, um dos objetivos é a formação de uma memória ortográfica, da representação mental das palavras em sua forma escrita. Uma das formas de estimular essa memória é por meio estimulação visual, da leitura das palavras, da visualização da sua forma escrita, da decomposição e recomposição das palavras (como na brincadeira conhecida como *scramble*, em que se misturam as letras para compor novas palavras). Outra forma importante de estimular a memória ortográfica é por meio da escrita manual, do traçado das letras e das palavras, que desenvolve uma memória motora altamente resistente ao esquecimento. Quantas vezes nós, adultos, quando temos dúvida sobre a ortografia de uma palavra, tomamos a caneta e escrevemos a palavra, confiando na memória do gesto da nossa mão? Essa memória motora foi tradicionalmente estimulada pelas atividades escolares, e precisa continuar sendo estimulada, a despeito do uso de celulares e computadores na vida adulta (Saraiva de Carvalho e Gabriel, 2020). Como abordado no Capítulo 4, a formação da memória ortográfica torna o processo de identificação das palavras cada vez mais rápido e inconsciente, liberando a atenção do leitor para a compreensão do texto.

A educação é uma tarefa que exige paciência e perseverança. Aceitar os erros como parte do processo de aprendizagem pode nos ajudar a entender as dificuldades que os aprendizes enfrentam na árdua tarefa de reorganização do cérebro frente às demandas do ambiente. Por outro lado, amparar outros seres humanos ao longo dos processos de aprendizagem talvez seja a tarefa mais nobre a que possamos nos dedicar. O livro escrito por Ubiratã Alves e Ingrid Finger é uma importante contribuição no intuito de inovar os processos educacionais, amparados nos conhecimentos das ciências da linguagem e da leitura.

Rosângela Gabriel
(PPG em Leitura – UNISC)

Introdução

A alfabetização se caracteriza como uma área que tem sido, no decorrer de sua longa história, palco constante de controvérsias e de trajetórias pendulares. Nesse sentido, as abordagens predominantes em termos de políticas e práticas vigentes têm oscilado entre privilegiar, às vezes, métodos sintéticos, que concebem a aprendizagem da leitura como um processo que deve partir das unidades menores da língua (sons e sílabas) em direção às unidades maiores (palavra, frase e texto) e, outras vezes, métodos analíticos de ensino, que partem das unidades maiores e portadoras de sentido na língua para, então, por vezes, chegar nas unidades menores[1].

Entretanto, se, por um lado, os métodos denominados sintéticos (como o método fônico e o silábico), empregados de forma desconectada da realidade das crianças, não deram conta de garantir níveis mínimos de sucesso na alfabetização, por outro, constata-se que os métodos analíticos (como os métodos da palavração, da sentenciação e o método global), mais frequentes nas últimas décadas em nosso país, também têm falhado em garantir que grande parte das crianças brasileiras se alfabetizem plenamente

---

1. Essa alternância histórica de metodologias de alfabetização não teve lugar somente no Brasil, fazendo ainda hoje parte da realidade de muitos outros países; nos Estados Unidos, por exemplo, a polêmica se dá entre a adoção de *phonics vs. whole language instruction*, em debates tão acalorados que passaram a ser denominados de *Reading Wars*. Castles, Rastle e Nation (2018) revisitam os principais argumentos dos defensores de cada um dos lados dessa "guerra", defendendo seu fim e argumentando que tanto a pesquisa quanto a instrução de alfabetização deve ser baseada em uma compreensão mais profunda acerca de como funcionam a linguagem e os sistemas de escrita.

e possam ter níveis de literacia que propiciem condições de obterem um bom desempenho escolar no resto de suas vidas. Em outras palavras, nem as propostas conhecidas por preconizarem a necessidade de se focar a instrução de alfabetização na estrutura da língua, nem a forte reação a essas abordagens, que se instanciam em práticas metodológicas que defendem a não utilização, em sala de aula, de qualquer instrução direcionada ao estabelecimento da relação entre os sons e a forma escrita da língua, parecem ter contribuído para resolver o grave desafio da alfabetização no Brasil.

A triste realidade, infelizmente, é que os níveis de literacia no Brasil são assustadoramente baixos. Além disso, ao invés de estarmos avançando no sentido de melhorarmos esses índices, a constatação é de que eles, na verdade, têm se tornado cada vez piores, como revelam os dados da avaliação de PISA[2] ('Programa Internacional de Avaliação de Aluno', da Organização para a Cooperação e Desenvolvimento Econômico, OCDE) no item 'Competência de Leitura' entre adolescentes brasileiros com idades entre 15 e 16 anos: em 2009, o Brasil ocupava a 53° posição entre os 65 países avaliados; na avaliação realizada em 2019, o Brasil foi rebaixado para a 57° posição, dessa vez entre 78 países participantes, sendo a média brasileira de 413 pontos, bem abaixo da média geral da OCDE, que é de 489 pontos. A Avaliação Nacional da Alfabetização (ANA)[3] de 2016 mostra dados semelhantes: 54,73% de mais de 2 milhões de alunos concluintes do 3º ano do Ensino Fundamental demonstram ser incapazes de localizar informação explícita em textos de apenas 5 linhas, o que é obviamente considerado um nível baixíssimo de desempenho leitor. O relatório de PISA revela, ainda, que o analfabetismo atinge 6,8% da população acima de 15 anos no Brasil, sendo a média mundial de apenas 2,6%.

---

2. https://www.oecd-ilibrary.org/sites/cc5feb81-en/index.html?itemId=/content/publication/cc5feb81-en.

3. A Avaliação Nacional da Alfabetização é um dos instrumentos do Sistema de Avaliação da Educação Básica (Saeb), organizado pelo Ministério da Educação, e mede os níveis de desempenho em língua portuguesa e matemática nas escolas da rede pública nacional: http://portal.mec.gov.br/component/tags/tag/36188.

Na verdade, até 20 anos atrás, talvez pudéssemos imaginar que a simples adoção de alguma abordagem de ensino específica pudesse dar conta de reverter essa realidade. Nos dias atuais, entretanto, ao considerarmos as evidências dos estudos que investigam como a leitura é processada no cérebro, fica claro que estamos lidando com um fenômeno de natureza complexa e multifacetada, o que impede respostas simplistas advindas de soluções categóricas e dicotômicas. Além disso, como veremos no Capítulo 4, nosso cérebro compreende o texto escrito a partir de duas rotas distintas de leitura, nas quais processos *top-down* e *bottom-up* acontecem em paralelo e se complementam entre si, dado que a leitura fluente pode fazer uso dessas duas formas de processamento. Por essa razão, nesta obra, construiremos argumentos a favor da necessidade de se adotar uma abordagem híbrida de instrução de alfabetização que vá além do tradicional debate método sintético *vs.* analítico, abarcando esses dois tipos de processamento cognitivo que subjazem a leitura proficiente. Afinal, privilegiar uma metodologia que tenha somente uma direção de processamento significa deixar de aproveitar toda a potencialidade que possui o cérebro da criança e está longe de dar conta da complexidade que caracteriza esse processo.

Assim, neste livro, defendemos a adoção de práticas de instrução de alfabetização que oportunizem que as crianças percebam as relações entre grafia e sons da língua, mas que de forma nenhuma se limitem ao simples treinamento de percepção de sons através de abordagens do tipo método fônico (ou *phonics* ou método audiolingual, no caso da língua adicional). Como veremos no decorrer desta obra, à medida que as crianças progridem e se tornam leitores fluentes e experientes, a necessidade de recorrerem aos processos *bottom-up* de decodificação diminuem, embora esse tipo de processamento esteja acessível ao leitor durante toda sua vida, sempre que encontrar uma palavra nova. Nesse sentido, práticas de instrução focadas no desenvolvimento das habilidades metafonológicas da criança contribuem de forma essencial para que processos de leitura de natureza *top-down*, mais automáticos e eficazes, possam emergir, à medida que a criança constrói essa transição e passa de um leitor iniciante a um leitor experiente e habilidoso.

Propomos, portanto, repensar a instrução de alfabetização a partir da conscientização de sons, considerando-se os processos cognitivos que subjazem à construção da literacia, a partir do **Modelo dos Quatro Níveis de Literacia** de Alves, Finger e Brentano (2021) que é apresentado em detalhe no Capítulo 1. Como veremos, a literacia plena vai muito além dos processos de decodificação e de identificação e reconhecimento da palavra escrita em um texto. Ao mesmo tempo, entretanto, ela depende do sucesso da alfabetização para ser garantida, uma vez que, para adquirir habilidades sofisticadas de leitura e compreensão, a criança precisa progredir entre o estágio inicial de relacionar um símbolo gráfico em específico ao(s) seu(s) som(ns) correspondente, até desenvolver o reconhecimento automático de palavras, sendo capaz de capturar o significado dessas palavras dentro de um contexto específico, a fim de compreender um texto, seja ele uma sentença, um parágrafo ou uma página inteira, atingindo um estágio mais avançado de leitura crítica.

Além disso, nesta obra, também tratamos da alfabetização em duas línguas, que ocorre em contextos bilíngues de ensino, que se encontram em acelerado crescimento em nosso país a partir da enorme expansão no número de escolas que recentemente passaram a ofertar currículos ou programas bilíngues. O desenvolvimento da alfabetização em duas línguas é um processo ainda mais complexo uma vez que, para além das questões de método, os professores precisam não somente conhecer os sistemas linguísticos das duas línguas da criança, como também lidar com altos níveis de expectativa e cobrança dos pais. Soma-se a isso o fato de que se trata de um processo cujo funcionamento conhecemos bem menos, com pesquisa praticamente inexistente no país, e que, por essa razão, causa mais apreensão aos professores, ainda um tanto inexperientes e cheios de incertezas. Ressaltamos também a lacuna na formação dos profissionais que têm tentado dar conta do trabalho de alfabetização em contextos de educação bilíngue, dado que nem os Cursos de Licenciatura em Letras nem os Cursos de Pedagogia no país têm disponibilizado, em seus currículos, espaços de formação que deem conta dessa necessidade de preparação para o mercado.

Considerando-se o que foi apresentado até aqui, vale ainda dizer que este livro, que é fruto da preocupação com a formação de profissionais que possam atuar nesses contextos de alfabetização bilíngue, surgiu a partir de uma disciplina por nós ministrada no Programa de Pós-Graduação em Letras da Universidade Federal do Rio Grande do Sul (UFRGS), no ano de 2021. Por essa razão, registramos aqui um agradecimento especial aos alunos e colegas que participaram das discussões que se tornaram um embrião das ideias e propostas que são apresentadas neste livro, elaboradas com base em muitas leituras e reflexões feitas a partir de estudos da Neurociência da Leitura e de pesquisas em processamento de sons em língua materna e em língua adicional. Além de fornecer subsídios para o debate, temos como meta também incentivar a elaboração de pesquisas que, conduzidas a partir da realidade da educação bilíngue brasileira, possam contribuir para um melhor direcionamento das práticas dos profissionais que atuam na Educação Infantil e nos anos iniciais do Ensino Fundamental.

Este livro está estruturado da seguinte forma. Após esta breve Introdução, no Capítulo 1, intitulado **Letramento, alfabetização e literacia: conceitos distintos (mas próximos)**, apresentamos as premissas básicas que norteiam as considerações sobre alfabetização estabelecidas ao longo do livro. Iniciamos com a apresentação de definições claras dos termos 'alfabetização', 'literacia' e 'letramento', defendendo que tais expressões se referem a conceitos bastante próximos que, muitas vezes, são usados como sinônimos, mas que na verdade se referem a construtos distintos. A partir da caracterização dessas distinções, discutimos em detalhe o **Modelo dos Quatro Níveis de Literacia**, proposto por Alves, Finger e Brentano (2021), que norteia as considerações sobre a alfabetização estabelecidas desta obra. Ressaltamos que este modelo explicita uma premissa fundamental: para que o ato de ler se consolide como uma prática social efetiva na vida do indivíduo, é imprescindível que esse indivíduo seja capaz de compreender as sutilezas dos jogos de sentido contidos no texto lido. Tal compreensão, entretanto, somente é possível se ele tiver desenvolvido habilidades de reflexão e manipulação acerca da materialidade linguística desse texto.

O Capítulo 2 introduz **O papel da consciência fonológica na alfabetização**. Nele, após uma reflexão sobre a importância das habilidades metalinguísticas na consolidação desse processo, concentramo-nos na discussão das habilidades metafonológicas referentes aos níveis silábico e intrassilábico, que compõem as Habilidades Sociometalinguísticas do modelo de Alves, Finger e Brentano (2021). Salientamos que, apesar de esses níveis de consciência fonológica emergirem naturalmente, atividades lúdicas voltadas para potencializar esse desenvolvimento, realizadas por professores e pais, podem contribuir de forma importante para o sucesso do processo de alfabetização, de forma a criar novos leitores e escritores (Morais, 2019). Finalizamos o capítulo com a defesa de pedagogias de alfabetização que priorizem também o desenvolvimento de consciência sobre as relações grafofonológicas, sem obviamente desconsiderar os demais aspectos que caracterizam o pleno desenvolvimento da criança.

O terceiro capítulo, denominado **Aprendendo a ler e escrever: o que caracteriza o processo de alfabetização**, trata em mais detalhe do nível da Literacia Alfabética do referido modelo, apresentando reflexões voltadas ao papel da **consciência grafofonológica na alfabetização.** A seguir, após apresentarmos as etapas de aprendizagem da leitura a partir de teoria de fases de Ehri (2005, 2013), estabelecemos a relação entre as fases de alfabetização propostas pela autora e os dois primeiros níveis do **Modelo dos Quatro Níveis de Literacia**, discutindo as implicações desses achados para o universo de sala de aula. Nesse sentido, reafirmamos nesse capítulo nossa convicção de que a instrução de alfabetização deve incluir maneiras de despertar o aluno para as relações grafofonológicas da língua de forma lúdica e em cenários comunicativos autênticos, fazendo uso de metodologias que, por um lado, não estejam unicamente focadas nos aspectos puramente estruturais da língua, mas que tampouco desprezem a importância dessas relações.

No Capítulo 4, intitulado **Bases neurobiológicas da alfabetização e da leitura**, apresentamos os pressupostos da Neurociência da Leitura – ou Ciência da Leitura – e defendemos que aprender a ler não é um processo natural como aprender a falar e que, portanto, para que possa ser bem-sucedido, necessita de instrução específica. Salientamos que a leitura se desenvolve a partir da linguagem oral, mas por ser uma forma muito particular de uso da linguagem, possui características que lhe são específicas. A partir de informações detalhadas sobre como nosso cérebro processa a aprendizagem da leitura e de quais regiões cerebrais estão envolvidas nesse processo, abordamos as duas rotas de leitura, a chamada Rota Fonológica, que é empregada para a leitura de palavras desconhecidas ou menos frequentes na língua, e a Rota Lexical ou Semântica, envolvida na leitura automática de palavras. Neste capítulo, argumentamos a favor da importância de o alfabetizador basear suas escolhas e práticas metodológicas em evidências científicas que o auxiliem a compreender que as práticas pedagógicas adotadas têm o poder de moldar de forma permanente o cérebro e a mente de seus alunos.

O quinto capítulo, intitulado **E quando a alfabetização acontece em duas línguas?**, inicia trazendo definições de alfabetização bilíngue e de biliteracia. A seguir, caracterizamos em mais detalhe as circunstâncias em que acontece a alfabetização bilíngue para, a seguir, tratar da natureza da coativação de habilidades **de leitura e escrita entre as línguas do bilíngue** e da transferência interlinguística. Ressaltamos que as práticas pedagógicas desenhadas nos contextos de educação bilíngue devem ser baseadas na real experiência linguística das crianças, através de intervenções direcionadas ao processo de alfabetização com base no que os alunos já conhecem e são capazes de fazer em suas línguas, ao invés de tentar negar a existência de parte do seu repertório linguístico. A nosso ver, essa é a única forma de contribuir para que as crianças inseridas nesses ambientes escolares possam atingir altos níveis de biliteracia plena[4].

No Capítulo 6, **Alfabetização bilíngue e o desenvolvimento da consciência fonológica,** propomos duas acepções para o construto denominado de 'consciência fonológica de língua adicional na alfabetização'. O primeiro se refere ao desenvolvimento de habilidades metafonológicas de reflexão e manipulação dos sons da língua, enquanto o segundo, ao conhecimento acerca do sistema de sons da língua adicional. Além disso, defendemos que o desenvolvimento das habilidades metafonológicas *per se*, que constitui a base fundamental do processo de alfabetização, se dá paralelamente em ambos os sistemas na construção da literacia bilíngue. Nesse sentido, argumentamos que as habilidades metafonológicas construídas em uma língua podem contribuir para a realização de tarefas metafonológicas na outra língua, além de contribuírem para a alfabetização nos dois sistemas. Encerramos o capítulo com uma discussão sobre as implicações pedagógicas dessas considerações. Por fim, o capítulo de Conclusão retoma as principais reflexões de cada capítulo da obra, visando a argumentar a favor da necessidade de um processo de alfabetização (e de literacia como um todo) que não prescinda da reflexão acerca dos aspectos formais da língua.

Esperamos, com a presente obra, contribuir com o cenário da educação de nosso país, ao promovermos a reflexão acerca do fato de que a formação de leitores eficientes necessariamente implica a reflexão acerca dos aspectos formais, sem se limitar a tais aspectos.

---

4. Cabe mencionar que as situações elencadas ao longo desta obra dirão respeito a um contexto de alfabetização bilíngue português-inglês. Acreditamos, outrossim, que as considerações aqui feitas poderão ser relevantes para contextos de ensino de outras línguas adicionais, em outros contextos de ensino bilíngue, desde que feitas as adaptações referentes às especificidades dos sistemas linguísticos.

1

Letramento, alfabetização e literacia: Conceitos distintos (mas próximos)

A aprendizagem da leitura e da escrita[5] constitui um fenômeno complexo por excelência, uma vez que requer um conjunto bastante grande de habilidades a serem desenvolvidas pelo aprendiz. Tal complexidade mostra-se ainda maior quando questionamos o que se entende pelos próprios termos 'ler' e 'escrever': seria a capacidade de estabelecer a relação simbólica entre os elementos gráficos e a cadeia de sons com caráter distintivo em uma dada língua? Implicaria, a partir dessa capacidade, a habilidade de construção e interpretação de diferentes gêneros textuais, de modo a possibilitar a inserção do aprendiz em diferentes meios sociais dos quais ele faz parte? Ou 'ler' seria uma coisa e 'compreender' outra?

Essas perguntas têm levado um grande número de professores e pesquisadores a debates e discussões teóricas bastante importantes sobre o que

---

5. Ao longo de todo este livro, daremos prioridade à habilidade de leitura sobre a de escrita, ainda que se trate de processos interconectados. Conforme explica Scliar Cabral (2018a, p. 258), "sem saber ler, a criança não poderá compreender o que ela própria "escreveu"", e por isso "não se começa a alfabetização pelo ensino isolado da escrita" (*op. cit.*, p. 259). Na mesma linha, Cagliari (2022, p. 36) afirma que "escrever é decorrente de saber ler". Entretanto, comentários pontuais relacionados ao processo de aprendizagem da escrita serão também feitos ao longo desta obra.

significa ser capaz de ler, que ainda se mostram longe de estarem esgotados (cf. Soares, 2020a). Por um lado, há autores (Soares, 2020a, 2020b, 2020c, dentre outros), sobretudo aqueles envolvidos com o universo da sala de aula, que defendem que o ato de leitura só é eficiente se ele implica um agir em sociedade. Por sua vez, há autores (Morais, 2013a, 2019) que, sobretudo amparados na ciência da leitura[6], irão considerar 'ler' e 'compreender' como processos cognitivos distintos, ainda que complementares (sem negar, é claro, que a leitura corresponde ao meio a partir do qual chegamos à compreensão textual) e que a leitura plena vai muito além da capacidade de decodificar a grafia da língua.

Não há dúvidas de que precisamos desenvolver, em nossos alunos, uma habilidade de leitura fluente. Isso implica, como primeiro passo, o estabelecimento de relações entre os símbolos gráficos e o componente sonoro da língua. Por sua vez, sabemos que somente essa etapa (ainda que, por si só, já seja bastante complexa!) não é suficiente para o desenvolvimento de bons leitores e escritores na sociedade: é preciso, sobretudo, levar o aluno à compreensão textual. Consideramos importante, entretanto, reconhecer a pertinência da relação entre esses componentes: conforme aqui concebemos (e defenderemos, ao longo de toda a obra), a formação de leitores e escritores socialmente engajados tem, como pré-requisito, a consolidação plena das habilidades de relacionar a escrita ao componente sonoro. Em outras palavras, para que o indivíduo seja capaz de compreender um texto escrito, e dele se valer para agir plenamente na sociedade, é necessário que ele inicialmente saiba lê-lo – no sentido de decodificar as letras[7] em sons, sílabas, palavras e frases.

Naturalmente, as discussões referentes aos saberes e capacidades que subjazem o desenvolvimento das habilidades de leitura que devem ser prio-

---

[6]. Para uma introdução à área de estudos da Psicolinguística da Leitura, veja Morais e Kolinsky (2015).

[7]. Nesta obra, usaremos os termos 'letra', 'grafema' e 'símbolo gráfico' intercambiavelmente, para nos referirmos a uma unidade de caráter representacional.

rizadas nos anos escolares iniciais reverberam nas discussões sobre os métodos de alfabetização e sobre a prática do professor. Considerando-se o cenário expresso no parágrafo acima, isso se dá porque muitas vezes é estabelecida uma "falsa" dicotomia ou oposição entre "forma *vs.* função", ou "aspectos estruturais *vs.* sociais". Em meio às várias possibilidades de metodologias de alfabetização[8], os professores questionam-se se devem priorizar práticas mais voltadas ao ensino de aspectos formais da língua ou, por outro lado, atividades mais voltadas à concepção de leitura como ato social. Considerando-se os dois extremos, práticas de caráter estrutural são muitas vezes criticadas, nos dias atuais, por trazerem em alguns de seus estágios didáticos atividades de caráter mais mecanicista. As metodologias que concebem o texto como expressão de língua em uso acabam, muitas vezes, por ignorar o ensino de aspectos formais da língua, e privam o aluno de auxílio no estabelecimento de relações formais entre letra e som, fundamentais para qualquer indivíduo que vise a dominar o código escrito da sua língua.

Cabe mencionar que a discussão pedagógica acerca da falsa dicotomia entre "estrutural *vs.* social" ou "forma *vs.* função" não se faz presente apenas nos contextos de alfabetização, mas também afeta a pedagogia de ensino de língua materna e de línguas adicionais (LA)[9]. De fato, ao considerarmos o cenário de ensino de LA no Brasil e no resto do mundo, vemos que, ao longo dos anos, preconizaram-se métodos ora puramente focados nas formas, como, por exemplo, o audiolingual, ora plenamente voltados à imersão total ao idioma, sem oportunidades de foco nas estruturas, como no método direto ou em versões mais radicais da própria abordagem comunicativa de ensino. Mais recentemente, pelo menos no âmbito de ensino de LAs, esse cenário tem, aos poucos, se modificado: as práticas pedagógicas têm

---

8. Para uma discussão sobre os diferentes métodos de alfabetização, cf. Soares (2020b).

9. Neste livro, adotaremos a expressão 'línguas adicionais' (LA) como sinônimo de 'segunda língua' (L2) e de 'língua estrangeira' (LE), uma vez que essa expressão reflete de forma mais clara a ideia de que essa aprendizagem traz ao aluno um conhecimento linguístico adicional, que não acarreta prejuízos ao conhecimento da sua 'primeira língua' ou 'língua materna' (LM).

se mostrado mais conciliadoras, de modo a priorizar o engajamento do aprendiz a partir de materiais reais e situações comunicativas voltadas à realidade, sem necessariamente prescindir dos aspectos formais que garantem (e, inclusive, servem de pré-requisito para) que os objetivos comunicativos sejam atingidos. Nesse sentido, têm se procurado, cada vez mais claramente, estabelecer um tripé entre Forma, Uso e Significado (Larsen-Freeman, 2017, Verspoor, 2017)[10].

Seguindo essa mesma linha, conforme veremos ao longo de toda esta obra, concebemos que as práticas de alfabetização e ensino de leitura/escrita também devem buscar um maior equilíbrio entre a sua meta funcional/social e o ensino voltado para o desenvolvimento das relações formais por parte da criança, tanto no que concerne à explicitação da relação entre a escrita alfabética e o sistema sonoro quanto no que diz respeito aos elementos de estrutura linguística que garantam a identificação de um dado texto como pertencente a um gênero específico, a partir de aspectos de coesão e coerência textuais, por exemplo.

O leitor deve aqui ter atentado para o uso do termo "falsa dicotomia" nos parágrafos anteriores. Tal termo não foi sugerido em vão. Avanços da Linguística nas últimas três décadas têm aberto espaço para novos modelos teóricos e, por conseguinte, novas concepções do que entendemos por 'língua', a partir dos quais a cisão entre 'forma' e 'conteúdo' cai por terra, inclusive. Algumas dessas perspectivas teóricas mais recentes estabelecem, por exemplo, uma relação íntima entre a materialidade linguística e os jogos de sentidos obtidos a partir dos aspectos formais[11]. Em outras palavras, a partir dessas teorias, estrutura e sentido emergem de uma relação íntima entre si, de modo que os aspectos estruturais são estabelecidos em função

---

10. Para uma discussão sobre diferentes concepções acerca do papel da instrução explícita de aspectos formais a partir de distintas teorias de aquisição de LA, veja-se Van Patten, Keating e Wulff (2020).
11. Um exemplo é a Teoria dos Sistemas Dinâmicos Complexos (TSDC), conforme pode ser visto a partir dos trabalhos de Larsen-Freeman e Cameron (2008), Beckner *et al.* (2009), Larsen-Freeman (2015, 2017), De Bot (2017) e Verspoor (2017), por exemplo.

das demandas impostas pelos próprios usuários da língua. Isso fica bastante claro, também, no âmbito da cognição: conforme as palavras de Scliar-Cabral (2018a, p. 261), "o cultural não pode ser pensado sem o biológico, nem a especialização cerebral sem ser plasmada pelo ambiente".

Em suma, defendemos, aqui, que bons leitores e escritores conseguem agir socialmente de forma eficiente justamente porque dominam as habilidades de uso dos aspectos formais dos textos que leem e escrevem, e isso justifica a abordagem pedagógica conciliatória que defendemos, que será apresentada nos próximos capítulos. Inegavelmente, isso implica uma concepção de "ler" que ultrapasse a (mas que não prescinda da!) habilidade de estabelecer relação entre a tecnologia alfabética e o mundo dos sons. É em função de termos habilidades de graus distintos (mas intimamente vinculados) que, na literatura, encontramos termos como 'alfabetização', 'letramento', e 'literacia', que serão abordados a seguir.

1.1 'ALFABETIZAÇÃO', 'LETRAMENTO' E 'LITERACIA': EM MEIO À CONFUSÃO TERMINOLÓGICA

Dada a complexidade que caracteriza o processo de leitura e escrita, encontramos, na literatura brasileira, uma série de termos para descrever processos referentes ao aprendizado desses processos, tais como 'alfabetização', 'letramento' e 'literacia'. Além disso, não é incomum encontrar, também, referências ao termo 'letrado', sem necessariamente ficar claro se tal termo se refere a 'letramento' ou 'literacia' (ou a ambos, no caso de pesquisadores que não estabelecem distinção entre os dois termos)[12]. Por último, nos dias atuais, também é bastante comum encontrarmos termos como 'multiletramentos'. Por meio desse último termo guarda-chuva, pode estar sendo feita

---

12. Ainda que Morais (2019) afirme, com argumentos oriundos na etimologia da língua portuguesa, que tal termo advém de da palavra 'literacia', no contexto de uso linguístico brasileiro, os falantes poderiam fazer uso do referido vocábulo como oriundo tanto de 'literacia' quanto de 'letramento'.

menção não somente a habilidades que perpassam ou se interseccionam com o desenvolvimento de habilidades de leitura e escrita, mas também podem estar sendo abarcados outros saberes que, ainda que possam vir a se relacionar, não necessariamente estão estritamente ligados ao texto escrito em si. Por exemplo, podemos, em termos casuais, falar em 'letramento digital', ou, até mesmo, que alguém é 'letrado em videogames', uma expressão que pode ser usada para nos referirmos a uma criança de quatro anos que ainda não iniciou a ir à escola (mas que, por sua vez, pode ter desenvolvido um 'letramento em *videogames*' muitíssimo maior do que nós, adultos e leitores competentes). Em função desses múltiplos usos dos referidos termos em diferentes âmbitos e da própria confusão terminológica com que tais termos têm sido tratados nos contextos escolares e acadêmicos brasileiros, julgamos importante aqui "limpar o terreno", de modo a esclarecermos, em linhas gerais, as sutilezas e diferenças entre eles.

Ainda que o termo 'alfabetização' possa inicialmente vir a parecer de fácil entendimento, as dúvidas relacionadas a essa expressão estão intrinsecamente ligadas às diversas acepções de 'ler' e 'escrever', conforme apresentamos no início do capítulo. Se 'alfabetizar' é ensinar a 'ler', e 'ler' com eficácia (para desenvolver leitores críticos) é um processo desenvolvimental de longo prazo, então é possível considerar que o indivíduo leva muitos anos para se alfabetizar? Ou 'alfabetização' corresponderia apenas ao aprendizado dos princípios do sistema alfabético de uma dada língua, bem como das relações com o mundo dos sons, um processo de curta duração e que é pré-requisito para a leitura eficaz? Conforme explicitaremos aqui, essa segunda possibilidade parece-nos mais adequada.

O termo 'alfabetização', como concebemos neste livro, refere-se ao processo através do qual a criança se mostra capaz de estabelecer a relação entre os símbolos gráficos que correspondem às letras do alfabeto e os elementos sonoros distintivos de sua língua, tradicionalmente chamados de 'fonemas'. Nas palavras de Soares (2020c, p. 27), alfabetização é o "processo de apropriação da "tecnologia da escrita", isto é, do conjunto de técnicas – procedimentos, habilidades – necessárias para a prática da leitura e da escrita; domínio de representação que é a escrita alfabética e das normas ortográficas (...);" (Soares, 2020c, p. 27). A nosso ver, a partir desse processo, a criança passa a concluir que o *continuum* da fala se estabelece a partir de elementos sonoros menores com uma natureza simbólica, discreta e de caráter distintivo, que se recombinam entre si para formar novas sílabas e palavras[13].

Para além dessa "descoberta" de relações, conforme explicam Gabriel, Morais e Kolinsky (2016), o processo de alfabetização, com o passar do tempo, possibilitará a construção de representações ortográficas das palavras na memória visual[14]. Isso resultará na automatização da relação entre a grafia de um item lexical e sua representação sonora armazenada na memória. Os autores explicam que tal fato possibilita o posterior processo cognitivo de compreensão de textos: pelo fato de nossa memória de trabalho ser limitada, a decodificação do tipo "grafema por grafema", muito onerosa em termos de tempo, pode fazer com que nos esqueçamos da informação semântica presente no início da frase. Em outras palavras, conforme veremos no Capítulo 3, o processo de alfabetização se dá a partir de unidades menores (grafemas e suas relações com fonemas) para unidades maiores (sílabas, palavras, parágrafos), ou seja, construído "de baixo para cima" (*bottom up*). Por sua vez, com a prática de leitura e o estabelecimento da representação visual das grafias das palavras, que são relacionadas à representação sonora, a criança começa a reconhecer muitas das palavras sem precisar ler cada uma das letras individualmente. Tem-se, então, um

---

13. Essa questão receberá uma maior problematização no Capítulo 3, que trata das concepções contemporâneas para o construto de 'fonema' e suas possíveis implicações para a caracterização de 'consciência fonêmica'.

14. Trataremos das bases neurobiológicas da alfabetização no Capítulo 4. Entretanto, para discussões sobre as implicações da aprendizagem da leitura na capacidade de memória, sugere-se a consulta a, dentre outros, Dehaene (2012), Demoulin e Kolinsky (2016), Kolinsky (2015), Gabriel, Kolinsky e Morais (2016), Gabriel, Morais e Kolinsky (2016), Gregory e Gabriel (2018) e Kolinsky *et al.* (2020).

processamento que parte do todo, da palavra inteira e desce para o nível da letra, portanto construído "de cima para baixo" (*top-down*). Esses dois tipos de processamento agem conjuntamente (e, inclusive, se complementam), uma vez que o recurso "*bottom up*" estará sempre disponível ao leitor, durante toda a vida, frente a palavras novas ou frente àquelas cujas representações visuais não estejam plenamente instanciadas na sua memória[15].

Antes de terminar a discussão sobre o conceito de 'alfabetização', cabe ainda mencionar que, dentre os três termos a serem discutidos nesta seção, esse parece ser o que apresenta um maior consenso entre pesquisadores de diferentes epistemologias/perspectivas de leitura, sejam elas de natureza linguística, cognitiva (sendo essas duas, em alguns casos, associadas) ou social. Sob a perspectiva linguística propriamente dita, essa concepção de alfabetização apresentada acima se encaixa muito bem por se ancorar em construtos tradicionais como os de 'grafema'[16] e 'fonema'[17], estabelecendo a relação entre eles. Em termos cognitivos, conforme aqui problematizado, as expressões 'ler' e 'compreender' implicariam ações cognitivas distintas (Morais, 2019), sendo o processo de se apropriar da tecnologia do mundo das letras considerado um pré-requisito para a compreensão de textos escritos. Finalmente, sob uma perspectiva social, também é estabelecida uma diferenciação entre o que corresponderia a se apropriar da relação simbólica estabelecida entre os sinais gráficos ('alfabetização') e as práticas sociais estabelecidas a partir dessa relação ('letramento', conforme veremos em breve) (Soares, 2020c).

---

15. Mais detalhes a esse respeito serão fornecidos no Capítulo 3.
16. Em uma definição clássica, 'grafema' corresponde à "unidade contrastiva mínima num sistema de escrita" (Lamprecht *et al.*, 2012, p. 262).
17. Em uma definição clássica, 'fonema' corresponde a uma "unidade fonológica abstrata, contrastiva em uma dada língua. Dois sons são fonemas separados de uma língua quando a diferença fonética entre ambos causa uma diferença de significado" (Lamprecht *et al.*, 2012, p. 261). Conforme já dito, no Capítulo 3, discutiremos o surgimento de novas concepções referentes ao construto 'fonema', e suas implicações para a concepção do nível tradicionalmente denominado de 'consciência fonêmica'.

Passemos, então, à caracterização do termo 'letramento'. A partir do levantamento da literatura em português, concluímos que as expressões 'letramento' e 'literacia' têm origem em perspectivas teóricas diferentes. A palavra 'letramento' tem sua origem em uma perspectiva social da leitura, conforme explica Soares (2020a, 2020c). Nessa visão, tal termo implica saber fazer uso efetivo de práticas de leitura e escrita para inserção nas práticas sociais entre os indivíduos. Trata-se, nas palavras de Soares (2020a, p. 79), do "uso da escrita como discurso, isto é, como atividade real de enunciação, necessária e adequada a certas situações de interação, e concretizada em uma unidade estruturada – o texto – que obedece a regras discursivas próprias (recursos de coesão, coerência, informatividade, entre outros)". Soares (2020a, 2020c) defende que, ainda que se constituam como processos distintos, 'alfabetização' e 'letramento' são fortemente relacionados, uma afirmação com a qual concordamos. Daí a necessidade de o professor trabalhar com ambos em sua sala de aula.

É dentro desse cenário que queremos aqui ressaltar, enfaticamente, o caráter de interdependência entre os construtos de 'alfabetização' e 'letramento'. Entretanto, é importante mencionar também que muitos educadores têm considerado (a nosso ver, equivocadamente) que o grau de independência entre ambos é tanto que o letramento prescindiria da alfabetização. Isso significa afirmar que o papel central da escola seria oferecer oportunidades de letramento, sem qualquer prática organizada de desenvolvimento de habilidades relacionadas à estrutura da língua na qual a criança está se alfabetizando.

Frente a esse posicionamento, consideramos importante deixar clara a distinção entre contextos de ensino e o processo de desenvolvimento de habilidades linguísticas e cognitivas. Em termos de contextos de ensino, julgamos indiscutivelmente viável alfabetizar a partir de textos autênticos, despertando o posicionamento crítico e a prática social do aluno, ao mesmo tempo em que o professor oportunize situações nas quais os estudantes sejam guiados a perceber as relações entre letras e sons. Entretanto, consideramos também que a alfabetização efetiva, que tem como pré-requisito a consciência das relações grafofonológicas, é condição necessária para um engajamento do indivíduo nas práticas sociais a partir da unidade 'texto'.

Finalmente, chegamos ao último construto, denominado de 'literacia'. Conforme já afirmado aqui, em função do *background* teórico dos pesquisadores proponentes (Morais, 2013b, 2019), tal termo, no contexto brasileiro, está associado à área de pesquisa conhecida como Ciência da leitura, da qual trata o Capítulo 4, que traz pressupostos importantes para o entendimento do que significa ler e compreender um texto. Conforme enfatiza Morais (2019), há diferenças nos referentes acionados pelos termos 'literacia' e 'letramento': ao passo que o primeiro se refere a uma capacidade, o segundo remete a "um processo, uma ação" (*op. cit.*, p. 9).

Conforme definido por Morais, a 'literacia' constitui o "conjunto das habilidades da leitura e da escrita (identificação das palavras escritas, conhecimento da ortografia das palavras, aplicação aos textos dos processos linguísticos e cognitivos de compreensão)" (Morais, 2013b, p. 4). Além disso, Morais (2019) concebe que o referido construto assume três sentidos: (i) a habilidade de ler e escrever; (ii) seu impacto na linguagem oral, nas capacidades e nas atividades cognitivas; e (iii) a sua manifestação em diferentes domínios de conhecimento, da comunicação e da criação artística (*op. cit.*, p. 5). Em outras palavras, o construto de literacia, aqui definido, necessariamente passa pela alfabetização, mas tampouco se resume a ela. Conforme esclarece Gabriel (2017, p. 76), a literacia plena envolve um "conjunto de habilidades da leitura e da escrita (ampliação do conhecimento lexical, variação linguística e adequação ao registro, sintaxe da língua escrita, referenciação anafórica e catafórica, estabelecimentos de inferências, etc.)". Concordamos com a autora também na afirmação de que esses saberes não podem ser negligenciados pelo professor.

Em suma, seja por um viés linguístico, cognitivo ou social, sabemos que a alfabetização constitui a entrada do aprendiz ao mundo da leitura, que se dá através do estabelecimento das relações grafofonológicas. Essa introdução constitui-se como um processo bastante rápido na trajetória de desenvolvimento linguístico do aluno. Nesse sentido, uma alfabetização eficiente resulta em muito mais do que ser capaz de ler grafema por grafema, dado que implica, também, a habilidade envolvida em processos tanto *bottom-up* quanto *top-down* de leitura, que vão se consolidando com a experiência leitora.

A alfabetização constitui, portanto, uma condição inegavelmente fundamental, mas não necessariamente suficiente, para o estabelecimento de bons leitores e escritores, e desse fato resultam diferentes construtos teóricos (tais como 'literacia' e 'letramento'). Ressaltamos nossa convicção de que, independentemente da perspectiva teórica que guia a prática do professor alfabetizador, o uso efetivo da língua só pode ser construído a partir da reflexão sobre os princípios do sistema alfabético da língua em questão. É disso que trata o presente livro, que visa a colaborar com professores, estudantes e pesquisadores preocupados em tornar os processos de alfabetização (seja em uma ou duas línguas) mais eficientes.

1.2 UMA PROPOSTA DE CONCEITUAÇÃO

Frente à confusão terminológica que caracteriza a área de ensino de leitura e escrita no Brasil, consideramos importante deixar clara, aqui, nossa proposta de modelo teórico sobre os quatro níveis de literacia, ressaltando que essa taxonomia e as bases epistemológicas que a sustentam serão adotadas no decorrer da presente obra.

Antes de discutirmos os níveis propostos, entretanto, cabem esclarecimentos sobre a adoção do termo 'literacia', ao invés de 'letramento'. Na esteira de Morais (2013b, 2019) e Gabriel (2017), o termo 'literacia' é aqui usado para fazer menção a um viés cognitivo e linguístico acerca do processo de desenvolvimento da leitura e escrita. Nesse sentido, os três sentidos de literacia apontados por Morais (2019), descritos na seção anterior, serviram como alicerce para a proposição dos quatro níveis de literacia em Alves, Finger e Brentano (2021). Também nesse sentido, a alfabetização é parte do processo maior de literacia, sem prescindir dessa etapa. Evitamos, assim, termos como "alfabetização E literacia" ou "alfabetização E letramento", os quais poderiam levar, a uma primeira vista, a uma equivocada concepção de construtos por demais independentes. Em nosso modelo, em consonância com o conceito de literacia descrito na seção anterior, a alfabetização é parte integrante desse construto maior. A Figura 1 apresenta o **Modelo dos Quatro Níveis de Literacia,** inicialmente introduzido em Alves, Finger e Brentano (2021).

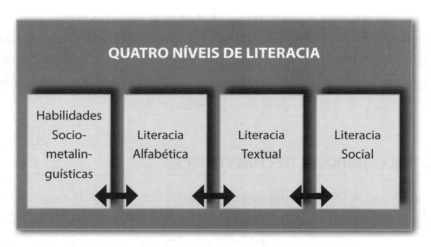

Figura 1 – Modelo dos Quatro Níveis de Literacia
Fonte: Alves, Finger e Brentano (2021)

O **Modelo dos Quatro Níveis de Literacia** de Alves, Finger e Brentano (2021) está dividido em quatro níveis, denominados de **Habilidades Sociometalinguísticas, Literacia Alfabética, Literacia Textual** e **Literacia Social.** Cada um desses níveis, bem como aspectos relacionados à relação entre eles, será detalhado nas seções a seguir.

1.2.1 Habilidades Sociometalinguísticas

Como mostra o esquema apresentado na Figura 1, concebemos o processo de alfabetização, denominado por nós de **Literacia Alfabética**, já como uma segunda etapa do processo de literacia, que é mais amplo e abarca quatro níveis. Isso se deve ao fato de que, antes mesmo da apropriação das características do sistema alfabético da língua, a criança passa por um processo de desenvolvimento de uma série de competências, que fazem parte do nível das **Habilidades Sociometalinguísticas**. Dentre essas competências, destacamos quatro principais:

(i) a habilidade de compreensão do discurso oral (sobretudo com base nos elementos formais – léxico e morfossintáticos – mais comuns ao meio social em que a criança se insere)[18];

(ii) saberes referentes à chamada 'literacia familiar' (Cruz, Ribeiro e Viana, 2012; Sénéchal, 2015; Alçada, 2021; Costa, 2021; dentre outros)[19], que envolvem, por exemplo, situações a partir das quais a criança é capaz de reconhecer palavras no livrinho usado pelos pais ou tutores para contar histórias, ou reconhecer o "desenho do nome", quando ensinado pela família antes mesmo de essa criança frequentar os bancos escolares;

(iii) o reconhecimento de artefatos culturais, símbolos e seus referentes que constituem o contexto social em que se encontra a criança (Soares,

---

18. Conforme veremos em breve, essa habilidade equivale ao que Kim (2020c) denomina de 'compreensão auditiva', ao se referir ao modelo do *Simple View of Reading* (Gough e Tunmer, 1986; Hoover e Gough, 1990). É preciso mencionar que, no caso da língua adicional, essa habilidade de compreensão oral representa um desafio muito maior ao aprendiz, devido à sua menor proficiência nessa língua. Ainda, em função das diferenças entre os sistemas de sons da L1 e da LA, torna-se mais difícil identificar as unidades lexicais a partir do contínuo da cadeia de fala em LA.

19. Conforme explica Costa (2021), o desenvolvimento da literacia inicia antes mesmo do início da instrução formal, a partir do suporte e do envolvimento de pais e familiares. Dentre as atividades de literacia familiar, destacam-se, conforme a autora (*op. cit.*, p. 155), "as experiências em que as crianças interagem com os seus pais em situações de escrita e leitura; quando exploram de forma independente materiais impressos; ou quando os pais ou familiares se tornam modelos de comportamento letrado para as crianças".

2020c): um exemplo é quando a criança reconhece que um letreiro com uma cruz verde indica que ali há uma farmácia;

(iv) o desenvolvimento de habilidades metafonológicas, nos níveis silábico e intrassilábico, sendo esse último referente a rimas e aliterações[20] (cf. Freitas, 2003, 2004a, 2004b; Lamprecht *et al*, 2012).

A proposição de um nível prévio ao de Literacia Alfabética, que caracteriza o próprio processo de alfabetização, mostra-se de grande importância para o modelo. Antes mesmo do contato com o código escrito, a criança já compreende a língua oral, a partir de mecanismos de organização coesiva, sendo capaz de entender o uso de metáforas, bem como de aspectos prosódicos de sua L1 que implicam diferentes forças ilocucionárias expressas por seus interlocutores. Essa constatação vai ao encontro do que é apresentado em modelos clássicos de compreensão leitora, como a proposta do *Simple View of Reading* (Gough e Tunmer, 1986; Hoover e Gough, 1990). De acordo com o referido modelo, a habilidade de leitura depende de duas capacidades que correspondem a dois pilares principais: a decodificação do código alfabético e a compreensão linguística[21] (de modo que o modelo seja expresso através da fórmula 'Compreensão Leitora = Decodificação X Compreensão').

Com relação à decodificação, tal habilidade será efetivada no próximo nível do Modelo (o de 'Literacia Alfabética'), o qual começa a se desenvolver com o processo de alfabetização. Conforme veremos em breve, tal processo pode e deve ser acelerado com o desenvolvimento de habilidades

---

20. Os conceitos de 'rima' e 'aliteração' serão discutidos aprofundadamente no Capítulo 2, que descreve os diferentes níveis de consciência fonológica. Exemplos de rimas silábicas podem ser encontrados nas palavras 'jacaré' e 'chulé', ou 'cipó' e 'dó'. Por sua vez, os pares de palavras 'prato' e 'prisma' e 'cruz' e 'credo' caracterizam exemplos de aliterações.

21. Kim (2020c) explica que o termo 'compreensão linguística' tem recebido uma série de diferentes denominações na literatura. A autora opta pelo termo 'compreensão auditiva', uma vez que as habilidades de compreensão utilizadas pelas crianças antes de serem alfabetizadas dizem respeito ao discurso oral.

metafonológicas nos níveis da sílaba e das unidades intrassilábicas. Ressaltamos, dessa forma, a importância do nível das Habilidades Sociometalinguísticas, pois elas caracterizam tais níveis de consciência fonológica que emergem naturalmente, antes mesmo da alfabetização.

É no que diz respeito à 'compreensão', por sua vez, que as discussões acerca do nível das Habilidades Sociometalinguísticas se tornam ainda mais interessantes. Conforme já afirmamos, a capacidade de compreender o discurso falado (a partir dos aspectos formais que o caracterizam, como os conhecimentos lexical e morfossintático da língua) permite que a criança entenda aquilo que seus familiares ou amigos querem dizer. Considerando-se as habilidades de compreensão de língua materna, essa afirmação, em princípio, parece ser óbvia, mas não é: a habilidade de compreensão linguística ou 'auditiva' na própria L1 vai além da mera decodificação ou de reconhecimento lexical.

Através do seu modelo denominado *DIER – Direct and Indirect Models of Reading*, Kim (2017, 2020a, 2020b, 2020c) busca descrever as habilidades que caracterizam os dois eixos de 'decodificação' e 'compreensão' do *Simple View of Reading*. A autora aponta que, para além do emprego dos recursos lexicais[22] e gramaticais de que dispõe a criança, o entendimento do discurso oral demanda recursos cognitivos que permitem diferentes níveis de compreensão, que envolvem os chamados 'processos cognitivos de alta ordem' (Nation, 2005; Kim, 2020c). Tais processos envolvem, por exemplo, o estabelecimento de inferências, de raciocínio e argumentação, tomadas de perspectiva, monitoramento, estabelecimento de metas e objetivos da fala, autoavaliação e autorregulação de estratégias. Todas essas habilidades, bem como as

---

22. O papel importante do léxico (instanciado a partir das representações fonológica, semântica e, posteriormente, ortográfica) na compreensão oral e posterior competência leitora é tratado pela Hipótese da Qualidade Lexical, apresentada em Perfetti e Hart (2002) e Perfetti (2007), e no *Reading Systems Framework*, elaborado por Perfetti e Stafura (2014). Para uma revisão de estudos que mostram que baixos escores em testes de compreensão leitora na LA estão associados à quantidade reduzida de vocabulário nessa língua, ver Melby-Lervåg e Lervåg (2014).

habilidades metafonológicas que compreendem o eixo da 'decodificação', são estabelecidas a partir de capacidades cognitivas de ordem geral, tais como a memória de trabalho, o controle inibitório e o controle de atenção[23].

Concluímos então que, mesmo em sua língua materna, as crianças podem apresentar maiores ou menores índices de compreensão oral, a depender do quão aprimoradas estiverem as habilidades anteriormente mencionadas. É preciso deixar claro, então, que o desenvolvimento da compreensão oral na própria língua materna tem um papel fundamental para o posterior processo de alfabetização (Kim, 2020c) e da literacia plena. Tal desenvolvimento, através de atividades propostas por pais e professores, contribuirá não somente para a ampliação do léxico da criança e para o desenvolvimento e a compreensão de estruturas morfossintáticas mais complexas, mas também para aprimorar cada uma das habilidades cognitivas de alta ordem previamente mencionadas. Por esse motivo, a leitura compartilhada assume um papel fundamental nesse processo. Do mesmo modo, estimular a compreensão oral em LA mostra-se ainda mais importante (sobretudo porque a própria capacidade de processar a cadeia de sons da LA para a identificação de palavras da nova língua já implica um desafio). Ainda que, inegavelmente, a quantidade de exposição e interação na LA seja maior em um contexto de educação bilíngue em comparação com aulas de LA na escola, é necessário que o desenvolvimento de habilidades cognitivas complexas fundamentais para a compreensão linguística da L1 e da LA seja oportunizado na sala de aula e no próprio contexto familiar.

Voltando-nos novamente à questão da decodificação das relações grafofonológicas, queremos mais uma vez ressaltar que o nível das Habilidades Sociometalinguísticas, caracterizado pela emergência de habilidades de consciência fonológica maiores que o segmento (tal como sílabas e unidades intrassilábicas), precede o processo de alfabetização, que no modelo

---

23. O envolvimento de recursos cognitivos regulados pelas funções executivas no desenvolvimento da leitura será discutido no Capítulo 4.

acima ocorre no nível de Literacia Alfabética. Mais especificamente, ainda que muitas das competências que compõem as Habilidades Sociometalinguísticas impliquem alguma forma de leitura de um signo de natureza semiótica, seja visual ou escrito, é importante enfatizar que tal processo não pode ser considerado como uma etapa de alfabetização. Dizemos isso porque nesse nível a criança ainda não está "operando" sobre a relação de "combinação" entre os elementos grafofonológicos da língua, ou seja, ela ainda não é capaz de, a partir de um número finito de símbolos gráficos e de seus correspondentes elementos do sistema sonoro (também de quantidade finita), estabelecer recombinações que possibilitem a formação de novos signos, o que caracteriza o processo de alfabetização. Mesmo o ato de "escrever" ou "ler" o próprio nome antes de aprender o código alfabético corresponde, meramente, ao reconhecimento e talvez a reprodução de um "desenho", o que constitui um processo de natureza semiótica (cf. Scliar--Cabral, 2018a, 2018b; Scliar-Cabral, Bispo e Santos, 2022).

No que diz respeito ao desenvolvimento de habilidades metafonológicas[24], ressaltamos, aqui, um dos principais fatores que levaram à proposição de um nível anterior ao da Literacia Alfabética. Antes mesmo do início da alfabetização, começam a emergir habilidades de consciência fonológica em níveis maiores do que o segmento[25], referentes à sílaba e aos elementos intrassilábicos (como rimas e aliterações), por exemplo. Ressaltamos que desenvolver a consciência das rimas e das unidades intrassilábicas é de extrema importância para o desenvolvimento do próximo nível de literacia, a Literacia Alfabética. Por essa razão, o Capítulo 2 será dedicado, exclusivamente, à discussão dessas habilidades metafonológicas.

---

24. 'Habilidades metafonológicas', também chamadas de 'habilidades de consciência fonológica', ou, simplesmente, 'consciência fonológica', dizem respeito à "capacidade de reflexão e manipulação consciente dos sons da fala nos três níveis: silábico, intrassilábico e fonêmico" (Lamprecht *et al.*, 2012, p. 260). Para uma discussão acerca deste construto, veja-se o Capítulo 2.
25. "Segmento: unidade de som. Ex: a palavra 'casa' é composta de quatro segmentos [ˈkaza]." (Lamprecht *et al.*, 2012, p. 265).

Além disso, conforme veremos nos Capítulos 5 e 6, ao considerarmos o contexto bilíngue português/inglês, o desenvolvimento da consciência fonológica nos níveis silábico e intrassilábico poderá contribuir fortemente com o desenvolvimento do sistema de sons (e com a própria alfabetização) da nova língua.

1.2.2. Literacia Alfabética

O segundo nível de literacia proposto em Alves, Finger e Brentano (2021), denominado de Literacia Alfabética, abarca o processo de alfabetização e o desenvolvimento do nível tradicionalmente chamado de 'consciência fonêmica'. Uma vez que a presente obra irá tratar do processo de alfabetização quando ele acontece em uma ou duas línguas, tal processo será discutido de forma pormenorizada nos Capítulos 3 (sobre os princípios gerais de alfabetização) e 6 (que trata das habilidades metafonológicas em duas línguas). Uma visão geral do processo de alfabetização já foi fornecida, também, na seção anterior: em sistemas alfabéticos de escrita, a criança estabelece uma relação entre os símbolos gráficos e os elementos sonoros distintivos de sua língua, de modo a investir na descoberta dos princípios alfabéticos/representacionais do sistema em questão. Esse primeiro processo, *bottom-up*, que é construído do menor para o maior, vai evoluindo de modo que a criança vá também investindo em um processamento *top-down*, ao ir consolidando na memória informações sobre as sílabas e palavras grafadas. O jogo de leitura fluente compreende, portanto, um exercício cognitivo em que ambos os processos *top-down* e *bottom-up* acontecem em paralelo, complementando um ao outro, dado que a leitura fluente pode fazer uso dessas duas formas de processamento. Os próximos dois níveis apresentados na Figura 1, a **Literacia Textual** e a **Literacia Social**, extrapolam o processo de alfabetização *per se*. Ainda que esses dois níveis não venham a ser trabalhados de forma pormenorizada neste livro, julgamos fundamental descrevê-los na presente seção, pois o seu entendimento levará a uma noção mais plena do que concebemos como um leitor proficiente. Além disso, esses dois últimos níveis de literacia (sobretudo o último) contribuem para a consolidação da função social da leitura, em relação ao que concebemos como bons leitores e escritores ativos na sociedade, o que permitirá um certo grau de interlocução com perspectivas de caráter social de leitura e escrita.

1.2.3. Literacia Textual

Ao iniciarmos a discussão acerca da Literacia Textual, chamamos a atenção para o próprio nome atribuído a este nível. Nele, após a alfabetização, o leitor operará com os elementos estruturais que caracterizam o texto escrito. Uma pergunta imediata poderia surgir: uma vez que a compreensão linguística, através do entendimento da fala, já tem início no nível das Habilidades Sociometalinguísticas, por que necessitaríamos de um nível, após a alfabetização, que se concentre justamente nas habilidades referentes à estruturação dos elementos formais do texto?

Para respondermos a essa questão, devemos lembrar que as capacidades mencionadas no nível das Habilidades Sociometalinguísticas se desenvolvem em um *continuum*. Ao longo desse *continuum*, certos níveis mais avançados dependem, necessariamente, do contato com a unidade textual escrita (que exceda o nível da frase), para além da exposição ao discurso oral. Através do contato com o texto escrito, o aprendiz é introduzido à organização do texto em parágrafos, elementos básicos e fundamentais de coesão e coerência, que marcam de forma única a organização do texto escrito.

Para além do contato com a estruturação em parágrafos, ao ter contato com a unidade textual escrita, o aluno tem a oportunidade de aprender novos mecanismos de organização do discurso próprios dessa modalidade de língua. Um deles é o sistema de pontuação, empregado para organizar aquilo que se quer dizer e, inclusive, para evitar ambiguidades, uma vez que os recursos prosódicos da fala se instanciam a partir de tais símbolos gráficos. Além disso, o contato com o código escrito possibilita a expansão do vocabulário, a partir do contato com itens lexicais que não são comuns na oralidade, bem como com mecanismos de coesão discursiva característicos do texto escrito.

Concordamos, portanto, com as palavras de Kim (2020c, p. 20), quando a autora afirma que "a habilidade de compreensão se desenvolve em contextos de linguagem oral (compreensão auditiva) e continua a se desenvolver no contexto dos textos escritos (compreensão leitora) até a fase adulta". Tal fato motiva a pesquisadora a afirmar que o desenvolvimento de vocabulário, bem como o estabelecimento de inferências, a tomada de perspectiva e o monitoramento da compreensão "devem ser ensinados em todas as séries" (*id. ibid.*). Em outras palavras, concebemos que simplesmente compreender a língua materna em sua modalidade oral não necessariamente garantirá sucesso na compreensão leitora, uma vez que tal tarefa, para além da decodificação em si, exigirá habilidades de compreensão mais complexas que estão associadas à própria especificidade do texto escrito. É preciso ensinar, portanto, a entender o que a estrutura do texto escrito expressa. O mesmo se aplica no caso da LA, na qual possuir capacidade de compreensão auditiva – o que já representa um grande desafio – tampouco garantirá sucesso na compreensão da estrutura textual.

Assim, o nível de Literacia Textual caracteriza-se pelo desenvolvimento de habilidades de leitura que constroem a autonomia do indivíduo em relação à estrutura textual. Nesse sentido, o nível de Literacia Textual se aproxima ao que Gombert (1992) caracteriza como 'consciência textual', a qual implica a reflexão e a manipulação dos elementos da estrutura e organização da unidade 'texto'[26]. Tal nível de literacia implica, em suma,

---

26. Para uma caracterização detalhada de cada um dos níveis de consciência textual propostos por Émile-Gombert (1992), vejam-se Lopes e Rahal (2020) e Pereira, Schmidt e Borges (2021).

o reconhecimento, o uso e a manipulação da materialidade linguística do texto escrito, permitindo que o aprendiz reconheça, a partir de pistas linguísticas, o gênero textual em tela. Nesse nível, o aprendiz é capaz de recobrar os elementos de coesão e coerência ao longo da leitura de um texto, a partir de elementos como referentes (anáforas e catáforas), nexos frasais conectivos (relações de orações de uma frase), relações entre parágrafos, bem como qualquer outro elemento de natureza estrutural da rede coesiva que compõe o texto.

A seguir, trataremos do emprego competente, pelo indivíduo letrado, de habilidades relacionadas à compreensão da língua escrita em variados contextos como constituidores de práticas sociais, habilidades abarcadas no que denominamos de nível de Literacia Social.

1.2.4. Literacia Social

Como último nível, temos a Literacia Social, que parte da premissa (óbvia e fundamental) de que todo e qualquer texto estará sempre inserido no contexto social no qual foi produzido e que repercute no contexto social no qual será lido. Desse modo, o nível de Literacia Social implica a habilidade de reconhecer e/ou agir sobre as práticas sociais constituídas a partir do texto escrito, bem como sobre os seus "jogos de sentido", considerando seus níveis pragmáticos e discursivos.

Esse nível pressupõe que o leitor seja capaz de construir uma representação mental do texto lido (Van Dijk e Kintsch, 1983; Kintsch, 2013), ou seja, uma ideia central do texto (uma proposição), que é derivada das informações constantes no texto mas que interage com sua experiência pessoal como leitor, considerando seu conhecimento prévio de mundo. Kintsch (2013) explica que a compreensão de um texto não ocorre somente a partir das informações que estão apresentadas nele, mas que os leitores trazem para o processo de leitura seu conhecimento de mundo e integram essas informações à rede de ideias e proposições que são expressas no texto para que um 'modelo da situação' (*Situation Models*)[27] possa ser construído. Assim, o conhecimento linguístico e o conhecimento de mundo estabelecem o conhecimento pragmático da situação comunicativa. Tais formas de conhecimento constituem aspectos essenciais na construção do que Van Dijk e Kintsch (1983) denominam de 'modelos de situação'.

Finalmente, é importante enfatizarmos aqui que, como vimos, a Literacia Social implica habilidades que extrapolam o nível da estrutura textual propriamente dita, sem, ao mesmo tempo, prescindir dessa estrutura. Esta última afirmação, inclusive, pode ser considerada como um dos motes da presente obra.

1.3. CONSIDERAÇÕES ADICIONAIS SOBRE O MODELO

Chamamos a atenção, ainda, para o uso de setas no esquema da Figura 1, as quais sugerem a existência de um ordenamento serial[28] entre um nível de literacia e outro (em meio a um sistema de retroalimentação). O uso de tais setas vai ao encontro da premissa de que um nível corresponde ao gatilho

---

27. O Modelo de Construção e Integração da Compreensão Textual (*Construction-Integration Model of Text Comprehension*), de Kintsch (1998, 2013), prevê que o processo de compreensão se dá a partir de duas fases: a de construção e a de integração. A construção refere-se à criação de um modelo mental a partir do significado das palavras e das proposições do texto, ao passo que a integração acontece sempre que uma nova informação é acrescentada ao significado que está sendo construído, viabilizando que o leitor, de forma integrada, possa ir construindo os sentidos do texto a partir de seus conhecimentos prévios e das novas informações obtidas no texto lido, de forma ativa.

28. Esse ordenamento serial difere da proposta de Soares (2020c, p. 26), em que a autora prevê o uso de camadas sobrepostas (círculos) para dar conta do que, sob a sua perspectiva epistemológica, corresponde à "alfabetização" e a dois tipos de letramento, referentes a "ler e escrever textos" e "demandas sociais e culturais da escrita". Ainda que concordemos que, em grande grau, sobretudo os níveis mais altos (literacia textual e social) se desenvolvem paralelamente, a noção serial proposta em Alves, Finger e Brentano (2021) mostra-se como fundamental por evidenciar a noção de limiar mínimo para a ativação de um nível de literacia imediatamente superior. Disso decorre, por exemplo, que um alto grau de literacia social **somente** será obtido se a criança tiver alcançado alfabetização plena, situada no nível de Literacia Alfabética em nosso modelo. Ressaltamos ainda que Alves, Finger e Brentano (2021) se referem a habilidades da criança, e não a atividades de sala de aula.

do nível imediatamente superior. Assim, a Figura 1 sugere que possuir um certo nível de compreensão oral da língua e de habilidades metafonológicas (por exemplo, consciência das rimas e das aliterações, conforme discutiremos no próximo capítulo) configura o limiar necessário para essa criança atingir o nível seguinte, que é a Literacia Alfabética.

Da mesma forma, defendemos que há um limiar mínimo para o desenvolvimento da Literacia Textual, que implica a capacidade de decodificação da relação letra-som construída no nível da Literacia Alfabética. Além disso, tal limiar inclui a capacidade de compreensão linguística, que começou a ser construída no nível das Habilidades Sociometalinguísticas, e se estende em um *continuum* de desenvolvimento.

Finalmente, o desenvolvimento avançado da Literacia Social depende de o indivíduo apresentar um limiar mínimo de Literacia Textual. Em outras palavras, defendemos aqui que, se o indivíduo não é capaz de reconhecer, com autonomia, elementos de coesão e coerência na leitura de um texto, por exemplo, identificando referentes entre orações e entre parágrafos, ele não terá condições plenas de se inserir com competência no mundo da palavra escrita, tampouco de estabelecer um mapeamento do que é mais apropriado em determinadas situações da oralidade e da escrita, a partir de seus objetivos comunicativos. Ou seja, para que a leitura constitua, de fato, uma prática social efetiva na vida do cidadão, é imprescindível que ele possua conhecimento linguístico suficiente, que o torne capaz de compreender as sutilezas dos jogos de sentido que caracterizam o texto escrito ao qual está sendo exposto, bem como o grau de apropriação de cada elemento linguístico em função do contexto de enunciação.

Além disso, é importante notar que as setas que aparecem na Figura 1, por sua vez, são bidirecionais. Isso sugere que o limiar para o início do nível imediatamente superior não necessariamente é atingido apenas com um alto índice (ou a satisfação plena) do nível imediatamente inferior, muito pelo contrário. Por exemplo, a Literacia Alfabética, como já afirmamos, constitui o primeiro passo para a ativação do nível de Literacia Textual; atingido esse limiar, será intensificado o desenvolvimento das habilidades do nível mais alto, paralelamente ao daquele nível cujo limiar foi recém--atingido. A seta bidirecional sugere, entretanto, que o desenvolvimento da própria Literacia Textual pode contribuir para aprimorar a Literacia Alfabética nos anos escolares iniciais (sobretudo, por exemplo, ao aprimorar o processo *top-down* de decodificação). Além disso, o contato com o texto escrito, através do desenvolvimento da Literacia Textual, contribui para um aumento do léxico do indivíduo, o que por sua vez contribuirá com a própria compreensão da fala, uma das competências que se referem ao nível das Habilidades Sociometalinguísticas[29]. Finalmente, a Literacia Textual implica um limiar para o desenvolvimento da Literacia Social; por sua vez, o desenvolvimento da Literacia Social, que envolve os diversos contextos sociais de produção de textos, permite que se "redefinam" as "regras estruturais" que garantam a coesão e coerência, bem como de registro, do texto em questão, contribuindo para o aprimoramento das habilidades relacionadas ao nível de Literacia Textual.

Em outras palavras, o uso do ordenamento serial no **Modelo dos Quatro Níveis de Literacia** apresentado aqui implica uma noção de limiares, que não exclui a ideia de que essas competências se desenvolvem em paralelo. Além disso, a proposta prevê que os níveis podem potencialmente se retroalimentar. Defendemos, também, que se espera que o nível de Literacia Alfabética seja atingido plenamente no final do primeiro ano do Ensino Fundamental, uma vez que, pelo menos no que diz respeito à leitura enquanto decodificação, há uma "linha de chegada", que corresponde a uma leitura fluente que empregue tanto a estratégia *top-down* quanto a *bottom-up*. Por outro lado, os níveis da Literacia Alfabética e Literacia Social implicam um

---

29. Isso é sobretudo fácil de notar quando nos referimos ao desenvolvimento de uma LA, uma vez que a leitura de textos escritos constitui um recurso de suma importância para a expansão do léxico na nova língua.

desenvolvimento constante, sem que haja um objetivo final ou linha de chegada pré-determinada. Trata-se de uma construção contínua, ao longo de toda a vida escolar e, inclusive, após o seu término. De fato, estamos sempre propensos a nos depararmos com novos gêneros textuais ou com textos cujos jargões e regras estilísticas diferem daquelas com as quais já nos deparamos em nossa vida social/profissional como, por exemplo, um engenheiro que precise ou deseje ler um texto de medicina. Trata-se, portanto, de uma construção recorrente, com retroalimentação também recorrente. Acreditamos que, com o desenvolvimento desses dois níveis de literacia, estaremos garantindo o que Morais (2013a) chama de "ler para aprender", ou seja, o processo de aplicar as habilidades plenas de leitura a fim de adquirir novos tipos de conhecimento.

A descrição dos níveis de literacia que caracterizam o modelo proposto por Alves, Finger e Brentano (2021) servirá como base para esta obra, que tem, por enfoque central, o processo de alfabetização (abarcado no nível de Literacia Alfabética apresentado na Figura 1). Dessa forma, no capítulo que segue, abordaremos as habilidades de consciência fonológica que são parte do nível de Habilidades Sociometalinguísticas. No Capítulo 3, discutiremos o nível de Literacia Alfabética, considerando-se o cenário de ensino de uma língua (Capítulo 3) e, no Capítulo 4, os quatro níveis serão discutidos a partir de uma perspectiva cognitiva. Por fim, nos Capítulos 5 e 6, abordaremos a construção dos quatro níveis de literacia em contextos bilíngues de alfabetização.

1.4. CONSIDERAÇÕES FINAIS

Neste capítulo, apresentamos uma caracterização detalhada dos termos 'alfabetização', 'literacia' e 'letramento'. Defendemos que, ainda que representem conceitos bastante próximos e que, muitas vezes, acabam sendo confundidos, trata-se de construtos distintos, sobretudo ao considerarmos 'literacia' e 'letramento'. Vimos que, enquanto a expressão 'literacia' é embasada em uma perspectiva cognitiva e linguística e corresponde a um conjunto de habilidades ou capacidades, a palavra 'letramento' tem por base a noção de prática social e, conforme explica Morais (2019), refere-se a um processo.

A partir dessa problematização inicial, apresentamos o **Modelo dos Quatro Níveis de Literacia**, proposto por Alves, Finger e Brentano (2021), que norteará as considerações sobre alfabetização estabelecidas ao longo deste livro. A proposta em questão mostra-se importante por explicitar uma premissa que concebemos como fundamental: a descoberta das sutilezas dos jogos discursivos contidos em um texto, bem como a própria ação social à qual leitores e escritores têm acesso a partir da estrutura textual, somente são possíveis de serem estabelecidas a partir da implementação de habilidades de reflexão e manipulação acerca da materialidade linguística desse texto. Sob a referida proposta, não há, portanto, Literacia Social sem Literacia Textual. Da mesma forma, não se atinge Literacia Textual sem que a criança tenha tido um processo de alfabetização fortemente estabelecido.

Essas constatações nos levam a retomar a parte introdutória deste capítulo, em que, brevemente, discutimos a questão dos métodos de ensino, sejam eles de alfabetização, de ensino de L1 ou de ensino de LA, dado que o desafio a ser discutido tende a ser o mesmo. Problematizamos o (equivocado) conflito entre as bases "formais" *vs.* "comunicativas" dentro desses métodos, e as tendências pendulares que as diversas metodologias de ensino têm enfrentado ao longo dos anos. No que se refere aos métodos de alfabetização, em particular, é preciso considerar que, sobretudo em abordagens mais globais de alfabetização que preconizam o desenvolvimento individual do aluno em meio a um contexto real, acabou-se por simplesmente ignorar uma série de pesquisas que demonstravam os benefícios de se desenvolver a consciência fonológica entre as crianças. Da mesma forma, muitas vezes se passou a negar a importância do emprego de atividades que exploram a relação entre os símbolos gráficos e as unidades sonoras de caráter distintivo na língua[30]. Dessa forma, conforme explicita Gabriel (2021), no contexto nacional, ainda permanece um debate equivocado, que apresenta, como opostas, abordagens que preconizam a adoção de atividades que incluam instrução fônica, em contraste com práticas de desenvolvimento de habilidades como a compreensão leitora e a identificação de inferências.

Com base no **Modelo dos Quatro Níveis de Literacia** apresentado na Figura 1, vemos como principal solução um "equilíbrio" desse pêndulo pedagógico. Sabemos que um método de ensino puramente focado na estrutura da língua, em que as crianças aprendem apenas frases como "Ivo viu a uva" ou "A ave é do vovô e da vovó", poderia ser considerado, no mínimo, desatualizado, vista a explosão tecnológica, bem como a multitude de gêneros textos aos quais à criança é exposta em seu dia a dia. Por sua vez, trabalhar com textos autênticos, com situações comunicativas autênticas, e, inclusive, com oportunidades de leituras compartilhadas[31], não exime o professor da necessidade de investir em episódios de reflexão e de explicitação de aspectos formais, para que se atinjam os objetivos comunicativos através de textos autênticos. Esse trabalho pedagógico deve ser sistemático e previamente planejado pelo professor, que necessita ter conhecimento acerca das relações grafofonológicas das línguas com as quais vai trabalhar.

---

30. No contexto nacional, uma importante pesquisa que demonstra o aqui afirmado é a de Scherer (2008). A autora comparou dois grupos de crianças, um sem um método específico de alfabetização (grupo controle) e outro em que foram incluídas atividades de consciência fonológica e a explicitação dos princípios do sistema alfabético do Português Brasileiro a partir de diferentes tipos de textos (grupo experimental). Todas as crianças foram acompanhadas ao longo de um ano letivo. Como resultados, a autora aponta que as crianças do grupo experimental já demonstravam uma escrita alfabética desde o mês de julho (ao passo que as crianças do outro grupo atingiram tal nível somente em novembro), além de terem obtido índices mais altos nos testes de consciência fonológica.

31. Conforme explicam Gabriel e Morais (2017), a leitura compartilhada caracteriza-se por um evento de leitura, geralmente proferida pelo professor ou por um membro da família, realizada para a criança não leitora ou para o bebê. Como explicam os autores, trata-se de um convite realizado pelo adulto para que a criança atente ao texto (seja no livro ou no computador) e descubra o universo da trama, seus personagens, os elementos da narrativa, dentre diversos outros aspectos. Para discussões sobre leitura compartilhada, vejam-se Sénéchal *et al.* (1998), Pianta e La Paro (2003), Hindman *et al.* (2008), Justice *et al.* (2009), Logan *et al.* (2019), Farias e Sousa (2021), Pereira e Carvalho (2021), dentre outros.

Em outras palavras, não estamos argumentando a favor de uma aula focada na construção do conhecimento da relação entre letras e sons que erradique o contato da criança com textos autênticos. Advogamos, sim, a favor de uma sala de aula em que se incluam tais saberes, tão necessários para que se possa acelerar o processo de alfabetização, em meio a um contexto relevante, autêntico e personalizado de ensino.

Ressaltamos, ainda, que é possível fazer uso de atividades que foquem na explicitação das relações grafofonológicas das línguas em questão, sem necessariamente recorrer a frases "pré-fabricadas". Isso, entretanto, exige talento e preparação do professor. Defendemos aqui a importância de que se adote na sala de aula uma metodologia de alfabetização híbrida, ou seja, que trabalhe os aspectos formais ao mesmo tempo em que lide com a formação de leitores reais. Uma abordagem híbrida, que exponha a criança a textos autênticos ao mesmo tempo em que vá construindo a consciência sobre os sons da língua e suas relações com os elementos da grafia, nos parece uma solução possível de ser implementada, principalmente se considerarmos que o próprio processamento de leitura por parte da criança é, também, híbrido: de fato, a criança inicia fazendo uso de processamento *bottom-up*, mas, com a experiência, vai introduzindo as estratégias *top-down* e combinando as duas formas de processamento. Dessa forma, iniciar com o desenvolvimento das unidades silábicas e intrassilábicas antes mesmo da alfabetização, e investir na consciência dos sons ao mesmo tempo em que a criança se depara com diferentes gêneros textuais, levando a criança a refletir sobre tais relações durante o emprego de tarefas comunicativas, parece-nos um desafio não apenas instigante, como extremamente necessário nos dias de hoje.

Sobretudo considerando o ensino bilíngue, essa tarefa nos parece ainda mais viável, uma vez que os profissionais de ensino que atuam nesses contextos já se encontram cientes (e, até mesmo, acostumados!) com o desafio de ensinar a língua através de conteúdos significativos tomados "emprestados" de outras disciplinas do currículo. Em meio a esse contexto, consideramos que tais professores poderão crescer ainda mais ao implementarem atividades lúdicas que convidem a criança a uma reflexão acerca dos princípios do sistema alfabético, seja da L1, seja da LA[32]. Concordamos, assim, com Scliar-Cabral (2018a, p. 252), ao criticar metodologias que assumem "que a criança, sozinha, a partir de hipóteses, chegará aos princípios da escrita, caricatamente resumidos em descobrir a diferença entre escrita e desenho, a direção da escrita, o número de sílabas e, finalmente, a estrutura da sílaba".

Nos capítulos que seguem, esperamos contribuir com os professores alfabetizadores, sejam eles de língua materna ou de língua adicional, com discussões que fundamentam a reflexão acerca dos sons da língua e sua relação com o sistema de grafia alfabética. Intencionamos, também, contribuir para que os professores tenham ideias sobre como implementar tais relações em meio a um contexto autêntico de ensino.

Esperamos, dessa forma, ter chamado a atenção para o principal mote desta obra: a partir de atividades de reflexão e manipulação das relações grafofonológicas, a criança é ensinada a ler, é levada pela mão. Não se trata de negar-lhe a oportunidade de uma aprendizagem autônoma, mas, sim, de oferecer-lhe uma autonomia guiada, a partir da qual a leitura deixa de ser um mero jogo de adivinhações e possa ser bem-sucedida a partir da constatação de que se trata de exercício psicolinguístico de grande complexidade.

---

32. No Capítulo 6, discutiremos que o desenvolvimento de atividades de consciência fonológica é saudável em ambas as línguas no contexto de educação bilíngue.

O papel da consciência fonológica na alfabetização

A língua é, muitas vezes, comparada a um jogo de quebra-cabeças. A motivação para essa comparação parece bastante evidente, uma vez que a língua é composta de unidades menores, que formam um todo. Como exemplo, palavras são compostas por morfemas (as menores unidades de sentido na língua)[33], e esses, por sua vez, são formados por elementos tradicionalmente chamados de 'fonemas', que correspondem às unidades de som com menor caráter contrastivo na língua, a partir dos quais se estabelecem os pares mínimos[34]. A analogia com o quebra-cabeças se faz possível porque, justamente, as "pecinhas" da língua se combinam entre si (em formações combinatórias permitidas pela gramática do sistema linguístico) para formar sequências maiores.

Apesar dessa analogia, entretanto, a língua é muito mais do que um jogo de quebra-cabeças. No jogo de quebra-cabeças, cada pecinha tem um lugar fixo dentro do todo, não necessariamente permitindo outras

---

33. Alguns exemplos de morfemas, em português, são 'des-', 'in-' e '-mente'. Para uma caracterização de 'morfema' na Linguística Distribucional, veja-se Battisti, Othero e Flores (2021).
34. A definição clássica de fonema, que embasa a analogia com o quebra-cabeças, já foi fornecida no capítulo anterior. Como exemplos de fonemas em português, temos /t/ e /k/, como em 'talo' vs. 'calo'.

combinações para a formação de novas imagens. A língua, por sua vez, funciona de modo diferente, pois cada um de seus elementos menores se recombina para formar outros elementos maiores. Por exemplo, a partir das sílabas 'va' e 'ca', podemos ter tanto o vocábulo 'cava' quanto o vocábulo 'vaca'. Por sua vez, em 'lava' e 'cava', apenas o primeiro elemento (tradicionalmente chamado de 'fonema', de caráter contrastivo) de cada vocábulo é diferente (/l/ em 'lava' e /k/ em 'cava'), mas tal fato já é suficiente para garantir itens lexicais distintos. Além disso, com um grupo de elementos fonológicos como /t/, /ɔ/, /k/, /a/, por exemplo, podemos formar sílabas e vocábulos diferentes, como em 'toca' e 'cota'. Em outras palavras, a língua é como um jogo de quebra-cabeça especial, cujas peças formam diferentes imagens, a partir de inúmeras recombinações distintas entre si.

É importante ressaltar, entretanto, que essas recombinações não são aleatórias. Conforme já afirmado, o conjunto de combinações e reconfigurações entre os elementos é definido por cada sistema linguístico, e tais combinações estabelecem a gramática da língua. O mais fascinante é que, na aquisição de língua materna, desde muito cedo as crianças se mostram capazes de reconhecer quais estruturas são possíveis e quais combinações são "estranhas", por não estarem de acordo com o padrão da referida língua. Ao longo dos anos, as crianças vão aprimorando essas habilidades de caráter 'metalinguístico', ou seja, vão se tornando capazes de refletir sobre a sua própria língua, tomando-a como objeto de análise. Com o desenvolvimento das habilidades metalinguísticas, a criança passa a ser capaz de dizer quais combinações são possíveis ou não na sua língua, além de reconhecer estruturas que se mostram estranhas (consideradas pela criança, muitas vezes, como "engraçadas"). Além disso, ao tomar a sua própria língua como objeto de análise, a criança passa a ter autonomia para "brincar" com a língua, ao utilizar rimas, versinhos e brincadeiras envolvendo os sons das palavras. Nesse sentido, com o desenvolvimento das habilidades metalinguísticas, a língua passa a estar à disposição da criança.

Todas essas habilidades implicam a emergência da consciência linguística[35] na criança. Conforme aponta Lorandi (2020), na literatura da área, há uma discussão acerca de quando inicia o desenvolvimento dessa consciência. Alguns autores consideram que, antes de aprender a ler e a escrever, as crianças apresentam um certo grau de sensibilidade linguística[36], sendo a alfabetização o marco para o início da consciência acerca da língua[37]. No presente livro, defendemos que, antes mesmo da alfabetização, a criança já pode apresentar consciência linguística, ao demonstrar capacidade de manipular unidades silábicas e intrassilábicas, tomando a língua como objeto de análise. Concebemos, ainda, que a consciência linguística se manifesta em diferentes níveis em função das próprias etapas de desenvolvimento da criança, sendo que a alfabetização possibilita a emergência de um nível ainda mais alto de consciência, conforme veremos no próximo capítulo.

Caracterizar 'consciência linguística' não constitui uma tarefa fácil, pois, além de um número bastante alto de definições na área, há um grande debate de quando inicia a sua emergência. Lorandi (2020, p. 41) considera a "consciência linguística" como uma habilidade que implica "dar-se conta de que as palavras são formadas por unidades menores, como morfemas (radicais, afixos), sons (sílabas e fonemas) e de que essas palavras podem agregar-se para formar sentenças que façam sentido", de modo que essas estruturas possam ser manipuladas pela criança. A autora também chama a atenção para a definição clássica de Tunmer e Herriman (1984, p. 12), de acordo com a qual a consciência linguística corresponde à "habilidade de pensar sobre e de manipular os traços estruturais da língua falada, tratando a língua em si como um objeto de pensamento, em oposição ao simples uso do sis-

---

35. A partir das definições que serão apresentadas a seguir, os termos 'consciência linguística' e 'consciência metalinguística' estão sendo tomados como sinônimos nesta obra".
36. Scherer e Wolff (2020a, p. 105) explicam que a 'sensibilidade' pode ser considerada como um "dar-se conta" sobre algo, ao passo que o termo 'consciência' implica "um ato reflexivo intencional, com um objeto de análise em foco".
37. Para uma discussão pormenorizada sobre essa questão, veja-se Lorandi (2011, 2020).

tema linguístico para entender e produzir sentenças". Por sua vez, Scliar--Cabral (2015, p. 123) denomina de 'consciência metalinguística' a capacidade decorrente de "o ser humano poder se debruçar sobre um objeto, no caso, a linguagem, de forma consciente, utilizando uma linguagem". Em suma, a consciência linguística (ou metalinguística) implica tomar os aspectos estruturais da língua como objeto de reflexão e análise.

Os exemplos de habilidades metalinguísticas descritos nos parágrafos acima, por tratarem dos elementos sonoros do sistema linguístico, caracterizam o que chamamos de 'habilidades metafonológicas', ou seja, "sobre a fonologia da língua". Em função da caracterização de 'consciência linguística' apresentada no parágrafo anterior, as habilidades metafonológicas são também chamadas de habilidades de 'consciência fonológica'. Neste livro, partimos do conceito de consciência fonológica como sendo a capacidade de refletir e manipular de forma consciente os sons da fala (Lamprecht *et al.*, 2012).

Vale aqui destacar os dois termos-chave da definição de consciência fonológica apresentada acima: 'reflexão' e 'manipulação'. Conforme Moojen *et al.* (2003), a capacidade de reflexão envolve as habilidades de constatação e comparação. Nas palavras de Alves (2012a, p. 31), "o indivíduo é capaz de falar sobre o seu próprio código, expondo suas descobertas e inferências a respeito de como os sons se combinam, quais as combinações de sons possíveis, e também as que não ocorrem em sua língua". Dessa forma, cabe mencionar que a capacidade de 'reflexão' não pode ser considerada uma mera 'sensibilidade'. Conforme Scliar-Cabral (2002, p. 147), "o exercício da consciência fonológica pressupõe, no mínimo, processos atencionais, ou, com mais precisão, a intencionalidade para exercê-la e o domínio consciente de uma cadeia da fala". Por sua vez, também segundo a autora (*op. cit.*, p. 148), "o que não se pode considerar como consciência fonológica são os processos automáticos perceptuais implicados na extração dos traços fonéticos das pistas acústicas, a atribuição de pesos foneticamente condicionados e sua integração que permitem diferenciar umas unidades de outras (seja quais forem)". Ao considerarmos um contexto de consciência fonológica em língua materna, concordamos com tais afirmações. Entretanto, em um contexto de educação bilíngue, identificar as diferenças entre os sons da L1 e da nova língua pode implicar um nível de consciência acerca do novo sistema linguístico (Alves, 2012b; Alves e Menna-Barreto, 2012; Kivistö-De-Souza, 2015, 2021). Por esse motivo, quando tratarmos da consciência fonológica em um contexto bilíngue (Capítulos 5 e 6), retomaremos a caracterização do que entendemos por 'reflexão', ao discutirmos a importância da consciência sobre o sistema da LA e das diferenças entre a L1 e a LA.

Por sua vez, a 'manipulação' mencionada na definição de consciência fonológica apresentada acima se refere à capacidade de a criança realizar operações com os elementos da língua, tais como apontar novas palavras com rimas e aliterações, criar versinhos, inverter as sílabas de uma palavra, dentre outras capacidades que envolvem alguma forma de ação sobre o código, ou seja, "brincar" com a língua. Através das habilidades de manipulação, a criança se mostra consciente da propriedade de recombinações das unidades da língua, o que poderá contribuir não somente com o desenvolvimento de suas capacidades sobre o domínio fonológico, mas também com os outros níveis da gramática.

Freitas (2003, p. 156) afirma que a consciência fonológica corresponde à capacidade de o falante "reconhecer que as palavras rimam, terminam ou começam com o mesmo som e são compostas por sons individuais que podem ser manipulados para a formação de novas palavras". Conforme explicam Scherer e Wolff (2020a), trata-se não apenas de uma, mas sim de uma série de habilidades que vão sendo desenvolvidas ao longo do tempo, de modo a envolver diferentes unidades linguísticas (sílaba, elementos intrassilábicos, fonema) ao longo da maturação da criança. É grande o número de estudos[38] que reforçam a existência de uma relação importante entre o

---

38. Por exemplo, Stanovich; Cunningham; Cramer (1984), Kirby, Parrila e Pfeffer (2003), Freitas (2004a), Scherer (2008), Corrêa e Cardoso-Martins (2012), Ramos (2012), Rakhlin, Cardoso-Martins e Grigorenko (2014), Michallick-Triginelli e Cardoso-Martins (2015), Fujii e Weissheimer (2017), dentre muitíssimos outros.

desenvolvimento das habilidades metafonológicas e o aprendizado da leitura e da escrita. Por isso, é fundamental que todos os profissionais que atuam em contextos de alfabetização compreendam melhor essa relação. A próxima seção tratará disso.

2.1. AS HABILIDADES DE CONSCIÊNCIA FONOLÓGICA E OS NÍVEIS DE LITERACIA

Tradicionalmente, as habilidades metafonológicas (ou de consciência fonológica) são caracterizadas em três níveis, de acordo com o desenvolvimento da criança: (i) consciência das sílabas; (ii) consciência das unidades intrassilábicas; (ii) consciência fonêmica (ou do nível do fonema)[39]. Esses níveis desenvolvem-se em um *continuum* de complexidade, partindo das unidades maiores (habilidades de reflexão e manipulação de sílabas) até a menor unidade distintiva na língua (habilidades de reflexão e manipulação de fonemas). Dessa forma, o desenvolvimento do nível das unidades intrassilábicas requer um limiar mínimo de desenvolvimento da consciência silábica; por sua vez, o desenvolvimento do nível tradicionalmente chamado de "consciência fonêmica" implica certo grau de desenvolvimento dos dois níveis anteriores, num *continuum*.

Antes mesmo de caracterizarmos os referidos níveis, consideramos pertinente estabelecer algumas relações sobre eles. Um grande número de estudos[40] evidencia que os níveis de consciência nos níveis silábico e intrassilábico se desenvolvem antes mesmo do primeiro contato com o sistema de escrita, pelo fato de a sílaba corresponder à unidade natural de segmentação

---

39. Freitas (2004b) chama a atenção para o fato de que a consciência fonêmica constitui um subconjunto da consciência fonológica, por corresponder a um nível dessa habilidade maior. Dessa forma, os dois termos não devem ser confundidos ou usados intercambiavelmente.
40. Dentre eles, podemos citar Morais *et al.* (1979), Morais *et al.* (1986), Read *et al.* (1986), Spagnoletti *et al.* (1989), Nakamura *et al.* (1998), Veloso (2003).

da fala[41]. Por outro lado, o desenvolvimento da tradicional noção segmental de 'fonema' e do desenvolvimento do nível de consciência fonológica que corresponde à consciência fonêmica depende do aprendizado da leitura. Ao se referir ao artigo clássico de Morais *et al.* (1979), Morais (2021) nos diz que é o processo de alfabetização que nos leva a tomar consciência da unidade 'fonema'[42]. Ao longo de uma série de trabalhos (desenvolvidos, sobretudo, com Régine Kolinsky), o autor demonstra que, ainda que as consoantes, vogais e aspectos fonéticos sejam processados inconscientemente pelos analfabetos, não há consciência sobre as unidades segmentais. Em outras palavras, conforme as palavras de Scherer e Wolff (2020a, p. 131), "o nível da consciência do fonema, ou o nível de consciência fonêmica, não ocorre, em sua completude, de forma espontânea. Trata-se de um nível que depende de experiências mais formalizadas e, especificamente, direcionadas à compreensão de um sistema de escrita alfabético".

Dada a maior espontaneidade da consciência fonológica nos níveis silábico e intrassilábico em oposição ao nível de consciência fonêmica, cuja emergência se dá a partir do contato com a escrita, consideramos pertinente repensar a natureza desses níveis de consciência fonológica. Recordemos o capítulo anterior, no qual apresentamos o **Modelo dos Quatro Níveis de Literacia**, de Alves, Finger e Brentano (2021). Na Figura 1, verificamos a existência de um nível pré-alfabético, que correspondia ao primeiro nível de literacia, chamado de Habilidades Sociometalinguísticas, e o nível referente ao processo de alfabetização propriamente dito, o de Literacia Alfabética (nível 2). Conforme esclarecemos no capítulo anterior, julgamos que as habilidades metafonológicas referentes ao nível da sílaba e das estruturas silábicas fazem parte das Habilidades Sociometalinguísticas, que compõem

---

41. Cabe mencionar que estudos (Morais *et al.*, 1986; Bertelson *et al.*, 1989) mostram que o desenvolvimento da alfabetização contribui, também, com mais altos índices de consciência silábica e da rima, quando crianças alfabetizadas são comparadas a não alfabetizadas.
42. Essa questão será mais aprofundada no próximo capítulo.

o primeiro nível de literacia, uma vez que esses dois níveis de consciência fonológica antecedem o próprio processo de alfabetização. Por sua vez, o tradicional nível de 'consciência fonêmica' se constitui como parte da Literacia Alfabética, o segundo nível do modelo, pois a consciência no nível dos fonemas será atingida somente com o desenvolvimento do processo de alfabetização.

Por essa razão, apresentamos a seguir uma reflexão sobre ao desenvolvimento das habilidades metalinguísticas referentes aos níveis silábico e, em seguida, ao nível intrassilábico, que constituem as Habilidades Sociometalinguísticas do modelo de Alves, Finger e Brentano (2021). A consciência fonêmica será discutida no Capítulo 3, que trata do processo de alfabetização, inserido no nível da Literacia Alfabética do referido modelo.

2.2. CONSCIÊNCIA FONOLÓGICA NO NÍVEL DA SÍLABA

Quando falamos em 'sílaba', geralmente professores e alunos são levados a recordar os tradicionais exercícios ortográficos de "separe as palavras em sílabas", realizados nas escolas. Nesses exercícios, exige-se o conhecimento de uma série de regras ortográficas: por exemplo, em uma separação de sílabas ortográficas da palavra 'pressa', a norma ortográfica do português exige a separação 'pres-sa'. Da mesma forma, em uma palavra do inglês como *pressure* (pressão), a separação ortográfica deve ser *pres-sure*[43].

É importante considerar que, ao considerarmos a 'sílaba' como uma unidade prosódica, não estamos nos referindo a tais regras ortográficas, mas sim ao sistema de sons da língua. De fato, a criança é capaz de separar as palavras em unidades menores (mesmo antes de ser alfabetizada) porque se mostra sensível ao fato de a sílaba ser uma unidade prosódica. Assim, no

---

43. Informações retiradas do Dicionário Webster: https://www.merriam-webster.com/. Acesso em 27 de julho de 2022. Cabe mencionar, entretanto, que em inglês o recurso de separação ortográfica de sílabas não se constitui como uma prática recorrente pelos usuários da língua.

que diz respeito às unidades prosódicas, a palavra 'pressa' pode ser dividida em duas sílabas ([prɛ] e [sa]). Por sua vez, a palavra do inglês 'pressure', no âmbito prosódico, deve ser dividida nas sílabas ([prɛʃ] e [ɚɹ]).[44]

Conforme explica Da Hora (2022), a sílaba constitui o primeiro domínio prosódico da fala[45]. A sílaba constitui a unidade natural de segmentação da fala, o que explica o fato de ser esse o primeiro nível de consciência fonológica a emergir. Conforme vimos, no ambiente de sala de aula, a sílaba tende a ser evocada em exercícios de separação ortográfica (translineação), a partir de regras da ortografia que não necessariamente condizem com a unidade fonológica 'sílaba': por exemplo, na palavra 'carro', a separação ortográfica exige que o primeiro <r> esteja numa sílaba ortográfica e o segundo, na outra sílaba. Para além desses exercícios ortográficos que, conforme Da Hora (2022), já não fazem muito sentido com o uso do computador para a escrita, é importante que o educador se dedique a trabalhar a unidade fonológica 'sílaba', ou seja, a unidade de segmentação da cadeia da fala. Além disso, é essencial que esse trabalho seja iniciado na educação infantil, muito antes do início do processo de alfabetização.

As habilidades de consciência fonológica referentes ao nível da sílaba incluem as capacidades de síntese e segmentação de sílabas, a contagem de sílabas (ou, até mesmo, a indicação do número de sílabas de uma palavra através de palmas ou batidas na mesa, no caso de crianças que ainda não sabem contar), a identificação da sílaba inicial, medial ou final de uma palavra, a produção de uma nova palavra com a sílaba dada, além da exclusão, da adição e da transposição de sílabas. Na Tabela 1, a seguir, sumarizamos e exemplificamos as principais habilidades no nível da sílaba, com palavras em português e em inglês.

---

44. A fricativa [ʃ] pertence à primeira sílaba porque, em inglês, vogais frouxas (como [ɛ]) não podem encerrar sílaba (cf. Ladefoged e Johnson, 2015).
45. Para uma caracterização tradicional da sílaba e uma discussão sobre o papel dessa unidade na alfabetização, sugerimos a leitura do capítulo em questão.

Tabela 1 – Habilidades de consciência fonológica no nível da sílaba em português e em inglês (em itálico)

Habilidade	Estímulo	Possível resposta
Síntese silábica	ja-ca-ré	jacaré
	al-pha-bet	*alphabet*
Segmentação silábica	peteca	pe-te-ca
	concert	*con-cert*
Contagem de sílabas	boneca	3
	giraffe	2
Identificação da sílaba inicial	galinha	ga
	fantastic	*fan*
Identificação da sílaba medial	cachorro	cho
	wonderful	*der*[46]
Identificação da sílaba final	abacaxi	xi
	donkey	*key*
Produção de uma nova palavra com a sílaba dada	ta	tatu
	pen	*penguin*
Adição de sílaba	corro	socorro
	board	*cupboard*
Exclusão de sílaba	gatinha	tinha
	Sunday	*day*
Transposição de sílaba	tapa	pata[47]

As habilidades acima descritas podem ser desenvolvidas e aperfeiçoadas através de uma série de atividades e jogos. Nos capítulos de Blanco-Dutra *et al.* (2012) e de Scherer e Wolff (2020a), podem ser encontradas várias sugestões de atividades lúdicas que contribuem para o desenvolvimento

---

46. Cumpre mencionar que tal tarefa não se mostra comum em língua inglesa. Isso se deve ao fato de o inglês ser uma língua com um número menor de trissílabos e polissílabos do que o português.

47. Salvo o caso de palavras compostas, esta tarefa não costuma ser realizada em língua inglesa, uma vez que o número de possibilidades de palavras que permitem a transposição de sílaba é muito baixo no léxico da língua (não se tratando, em sua maioria, de palavras conhecidas pelas crianças).

desse nível de consciência fonológica. Dessa forma, ressaltamos mais uma vez a importância de pais e professores contribuírem com o desenvolvimento e a aceleração da consciência da sílaba por parte da criança.

2.3. CONSCIÊNCIA FONOLÓGICA NO NÍVEL INTRASSILÁBICO

O próximo nível de consciência fonológica diz respeito a unidades menores do que uma sílaba, mas ainda maiores do que um segmento. O nome 'intrassilábico' refere-se justamente ao fato de que os dois construtos aos quais essas habilidades se referem – aliterações e rimas – são partes integrantes de uma sílaba.

Comecemos pela consciência no nível das aliterações. A consciência das aliterações diz respeito às habilidades de reflexão e manipulação de palavras que possuem o mesmo ataque silábico. Em uma sílaba, o ataque corresponde à parte que antecede o núcleo (no caso do português, diz respeito aos elementos que antecedem à vogal, uma vez que o núcleo silábico é sempre vocálico). Dessa forma, as palavras 'grande' e 'grito' apresentam aliterações, porque compartilham o mesmo ataque silábico 'gr'. Considerando-se o inglês, uma vez que tal língua permite, inclusive, sequências consonantais de três elementos em início de sílaba, como em *spring* (primavera) e *street* (rua), a possibilidade de aliterações é ainda maior.

Passemos, então, à consciência da rima. Ainda que o nome 'rima' já seja bastante intuitivo acerca da unidade linguística que define esse nível de consciência, cabe dizer que, no que diz respeito à caracterização tradicional de sílaba vigente na literatura em Fonologia (Selkirk, 1982), a rima é formada pelo núcleo silábico (que, no caso do Português Brasileiro, é sempre constituído por uma vogal) e por qualquer elemento que siga tal núcleo na mesma sílaba. Dessa forma, as palavras 'chulé' e 'cafuné' rimam, pois ambas terminam com o mesmo núcleo. Também rimam as sílabas finais das palavras 'pav<u>or</u>' e 'isop<u>or</u>', pois essas apresentam o mesmo núcleo e a mesma consoante seguinte.

Ainda no que diz respeito às rimas, é importante fazer a distinção entre o que chamamos de 'rima da sílaba' ou 'rima da última sílaba' (que acabamos de exemplificar acima) e a chamada 'rima da palavra'. Conforme Lamprecht *et al.* (2004, p. 218), a rima da palavra constitui um "emparelhamento de palavras que apresentam sons iguais desde a vogal ou ditongo tônico até o último fonema". Dessa forma, palavras como 'aqua<u>rela</u>', 'pan<u>ela</u>', e 'aqu<u>ela</u>', ou ainda pares como '<u>jeito</u>' e 'ef<u>eito</u>', apresentam rimas de palavras. Fica, portanto, claro que os vocábulos que rimam no nível da palavra apresentam a última sílaba igual, uma vez que são iguais desde o núcleo (vogal ou ditongo) da sílaba anterior. Uma vez que a rima da palavra inclui um domínio prosódico maior do que uma sílaba, as crianças conseguem reconhecer (através de brincadeiras) tal tipo de rima desde muito cedo (aproximadamente 3 anos de idade), de modo que alguns autores e pesquisadores considerem tal fato como um nível de consciência fonológica que seria inclusive anterior à consciência da sílaba. A discussão acerca desse tipo de rima é bastante importante sobretudo em línguas como o português, que se caracteriza por poucos vocábulos monossílabos em seu léxico. Por sua vez, no caso do inglês, língua com um número bastante alto de monossílabos e um número menor de trissílabos, atividades referentes à rima no nível intrassilábico podem ser grandes aliadas no desenvolvimento da consciência fonológica.

Na Tabela 2, apresentamos as habilidades referentes à consciência fonológica no nível intrassilábico, com exemplos tanto no português quanto no inglês.

Tabela 2 – Habilidades de consciência fonológica no nível intrassilábico em português e em inglês (em itálico)

Habilidade	Estímulo	Possível resposta
Identificar/ apontar aliterações	placa *bread*	pluma *break*
Identificar/ apontar palavras que rimam (rima da palavra)	mata *shower*	lata *flower*
Identificar/ apontar sílabas que rimam (rima da sílaba)	anzol *alphabet*	caracol *internet*

Conforme depreendemos da leitura de Haase (1990), é de se esperar que a consciência de rimas e aliterações anteceda a consciência fonêmica, dado que o nível intrassilábico leva a criança a operar com semelhanças entre elementos maiores, semelhanças essas que ficam bastante evidentes no que diz respeito ao nível da rima. No português brasileiro, estudos como os de Cardoso-Martins (1994) e Freitas (2004a) apontam para um maior grau de sensibilidade das crianças às aliterações do que às rimas. Isso se dá porque, dado o fato de que nossa língua permite um baixo número de consoantes pós-vocálicas em uma sílaba[48], o número de possibilidades de rima é mais limitado do que no inglês, por exemplo. Em tal língua, todas as consoantes, exceto /h/ (cf. Ladefoged e Johnson, 2015), podem suceder o núcleo dentro do domínio da sílaba. Além disso, o inglês permite um número bastante alto de sequências consonantais, tanto de dois elementos (como em *fast*, *apt*, *card*, e *field*, dentre outras combinações) quanto de três (ou até mais elementos, sobretudo no caso de palavras sufixadas, como em *cards*, *works* e *worked*, por exemplo)[49]. Tal fato, conforme veremos no Capítulo 6, mostra-se como bastante importante para professores que trabalham em um contexto de educação bilíngue.

Brincar com aliterações e rimas pode ser uma tarefa bastante divertida. Tais brincadeiras não devem se restringir ao contexto de sala de aula, uma vez que podem e devem ser estimuladas, também, no contexto familiar. Conforme veremos no Capítulo 6, que trata do desenvolvimento de habilidades de consciência fonológica na alfabetização bilíngue, a consciência no nível da rima tem especial papel para a aprendizagem dos padrões de leitura e escrita do inglês. Dessa forma, jogos em língua inglesa que estimulem a produção de rimas por parte das crianças constituem não somente atividades bastante prazerosas, mas também práticas de grande importância para o posterior desenvolvimento do processo de alfabetização na referida língua.

---

48. Para uma descrição dos padrões silábicos do português e uma reflexão sobre o processo de alfabetização, sugerimos, novamente, a leitura de Da Hora (2022).
49. Para mais detalhes acerca da estrutura silábica do inglês, ver Brawerman-Albini e Becker (2020).

2.4. CONSIDERAÇÕES FINAIS

Ao termos descrito os dois primeiros níveis de consciência fonológica, o silábico e o intrassilábico, consideramos importante refletir acerca da importância do papel desempenhado por pais e professores nesse processo, tendo em mente não somente o contexto monolíngue, mas também o contexto bilíngue de alfabetização. Sabemos que uma alfabetização plena e efetiva implica o desenvolvimento que vai além do que o das unidades intrassilábicas, uma vez que exige o estabelecimento da relação entre os elementos grafados e as unidades sonoras distintivas que eles simbolizam, que se dá no nível do fonema. Ainda assim, as considerações feitas no presente capítulo permitem-nos estabelecer conclusões importantes para o contexto de ensino, considerando-se a etapa anterior ao processo de alfabetização.

A primeira consideração a ser feita diz respeito ao fato de que a educação infantil constitui uma etapa de grande importância para o desenvolvimento da consciência nos níveis silábico e intrassilábico. A partir de uma metodologia lúdica, o professor pode propor brincadeiras, jogos, versinhos e outras atividades que levem a criança a identificar as sílabas e brincar com rimas e aliterações. Enfatizamos ainda que atividades de consciência fonológica devem ter um caráter lúdico para que esse desenvolvimento ocorra de forma natural. Isso, entretanto, não impede o educador de explorar materiais reais, como canções, contos, poemas, bem como qualquer outro recurso que possa vir a ser inventado a partir do seu poder criativo[50].

Consideramos pertinente desmistificar, também, uma suposição a nosso ver equivocada: o fato de as habilidades metafonológicas no nível das sílabas, das aliterações e das rimas se desenvolverem sem instrução alfabética não quer dizer que elas não devam ser foco do trabalho do professor em sala de aula. Além disso, os pais também podem contribuir muito com esse de-

---

50. Para obras com exemplos de jogos e atividades para o desenvolvimento dos níveis de consciência silábica e intrassilábica, vejam-se Lamprecht *et al.* (2012), Ilha, Lara e Córdoba (2017) e Scherer e Wolff (2020b).

senvolvimento. De fato, apesar da emergência mais natural desses níveis de consciência fonológica, tais habilidades serão mais bem consolidadas com a ajuda de atividades lúdicas utilizadas por professores e pais, o que pode vir a contribuir para um desenvolvimento mais acelerado e consolidado do próprio processo de alfabetização. Dessa forma, as atividades pedagógicas conduzidas na Educação Infantil podem assumir um caráter bastante importante na formação de novos leitores e escritores. Do mesmo modo, os pais ou responsáveis assumem um papel fundamental em meio a esse processo: é extremamente vital que esses convidem a criança a brincar com versinhos, parlendas e rimas, além de contar historinhas e realizarem quaisquer atividades que desenvolvam as habilidades metafonológicas desses futuros leitores.

Cabe, ainda, fazer algumas breves considerações acerca do contexto de alfabetização em duas línguas, sobre o qual nos concentraremos nos Capítulos 5 e 6. Conforme veremos nesses capítulos, sobretudo em um contexto de alfabetização português-inglês, o desenvolvimento das habilidades da rima e da sílaba se mostra bastante importante, também, para o próprio aprendizado dos padrões silábicos da língua inglesa, que são bastante diferentes dos verificados na nossa língua. Nesse sentido, em um contexto de ensino bilíngue, incentivar as habilidades metafonológicas nos níveis silábico e intrassilábico em língua inglesa exerce papel fundamental não somente para o desenvolvimento da escrita, mas para a própria aprendizagem dos padrões silábicos da nova língua. Além disso, conforme veremos em detalhe no Capítulo 5, o desenvolvimento das habilidades de consciência fonológica em uma língua pode contribuir de modo fundamental para o desenvolvimento das habilidades referentes àquele nível de consciência na outra língua do aprendiz bilíngue, a depender das características das duas línguas em questão[51]. Dessa forma, brincadeiras com rimas e elementos intrassilábicos não

---

51. Cabe mencionar, entretanto, que esse não é o único fator para o desenvolvimento da consciência fonológica das duas línguas em um indivíduo bilíngue. Conforme será visto nos Capítulos 5 e 6, outros fatores, como a própria tipologia das línguas envolvidas, também desempenham um papel fundamental (Bialystok, Majumder e Martin, 2003; Chung, Chen e Geva, 2019; Saiegh-Haddad, 2019).

somente em português, mas também em inglês, contribuirão em muito para o desenvolvimento da alfabetização nas duas línguas.

Em suma, a partir das descobertas elencadas ao longo deste capítulo, concluímos, portanto, que o desenvolvimento da consciência fonológica pode contribuir com três importantes eixos do desenvolvimento linguístico da criança. Em primeiro lugar, o desenvolvimento das habilidades metafonológicas contribui para o aperfeiçoamento das habilidades metalinguísticas como um todo (tais como habilidades metamorfológicas, metassemânticas, etc.), uma vez que a criança se dá conta de que a língua é um sistema estabelecido a partir de um conjunto de elementos formais finitos que se combinam e se reorganizam. Além disso, as habilidades metafonológicas contribuem com o desenvolvimento da escrita alfabética, sobretudo em línguas cuja relação grafofonológica é mais transparente, tal como o português[52], uma vez que a consciência fonológica é um preditor do desenvolvimento da leitura das crianças. Finalmente, o desenvolvimento das habilidades metafonológicas em duas línguas presta contribuições não somente ao processo de alfabetização, mas para o próprio desenvolvimento do sistema fonético-fonológico de uma língua adicional, no caso do contexto de instrução bilíngue. Fica evidente, portanto, o porquê de tais habilidades não poderem ser negligenciadas.

Retomamos, novamente, nossa convicção acerca da importância de um ensino que não desconsidere o papel do mundo dos sons na alfabetização. Isso não implica, tampouco, desistir de estímulos e atividades de sala de aula com materiais autênticos. Conforme já dissemos, o professor precisa de uma metodologia de alfabetização (cf. Scliar-Cabral, 2018a). Conforme concebemos, essa metodologia implica investir em uma aprendizagem significativa, de modo a estabelecer o elo entre aspectos da forma e do significado (os quais devem ser vistos como interdependentes). Através do uso de atividades de consciência fonológica, os professores da Educação Infantil

---

52. Aprofundaremos essa discussão no próximo capítulo e no Capítulo 5.

podem contribuir para o desenvolvimento de habilidades que auxiliarão no processo de alfabetização.

Apesar de todas as evidências científicas, muitas vezes, as habilidades de consciência fonológica são infelizmente excluídas da Educação Infantil e das séries iniciais do Ensino Fundamental. Privilegiam-se, nesses contextos de ensino, métodos mais globais de alfabetização, em detrimento de uma metodologia integrada que poderia vir a incluir também atividades que auxiliem a criança no seu processo de descoberta do mundo dos sons. Em função dos argumentos aqui levantados e do cenário de alfabetização atual em muitas escolas, façamos nossas as palavras de Menchik (2020, p. 199):

> Acompanhei a chegada do construtivismo, que veio como um *tsunami* ao ser interpretado e utilizado erroneamente por professores que, "engolidos pela onda", ignoraram princípios contidos nas abordagens fônicas, por serem consideradas mecânicas, porém, necessárias para o desenvolvimento de habilidades como a decodificação, envolvida na leitura, e a codificação, envolvida na representação escrita das palavras.

Em outras palavras, defendemos aqui a adoção de uma abordagem pedagógica conciliadora na alfabetização, sem que seja priorizado apenas um dos extremos do pêndulo das metodologias de alfabetização, para não "jogarmos fora o bebê com a água do banho", conforme as palavras de Gabriel (2017, p. 76). Concordamos com Cagliari (1998) que trazer a relação entre letras e sons para o processo de alfabetização deve ir muito além da metodologia "bá-bé-bi-bó-bu": não se trata de uma pedagogia apenas sobre a relação grafofonológica, mas uma pedagogia que **também inclua** as relações grafofonológicas, sem obviamente desconsiderar os demais aspectos desenvolvimentais da criança. Nesse sentido, independentemente da metodologia de alfabetização a ser seguida, consideramos essencial que o desenvolvimento das habilidades metafonológicas sempre tenha lugar na sala de aula.

Aprendendo a ler e escrever: O que caracteriza o processo de alfabetização

A alfabetização constitui um processo de descobertas psicolinguísticas[53] fundamentais para qualquer criança. Conforme já discutimos, somente com a alfabetização, que se dá a partir do desenvolvimento da consciência fonêmica, o aprendiz consegue segmentar a cadeia de fala nos vocábulos que a constituem, sendo capaz, portanto, de determinar o início e o fim de cada vocábulo ortográfico. Um exemplo dessa segmentação diz respeito à capacidade da criança de reconhecer que a expressão 'em cima' é constituída pela sequência de dois itens lexicais, ao passo que 'embaixo' constitui um único item lexical. Além disso, conforme explica Morais (2019), a alfabetização exerce efeitos na memória verbal imediata; disso decorre uma capacidade de processamento muito maior de informações (inclusive, de maior complexidade) em comparação a indivíduos não alfabetizados. Dadas as evidências de que a alfabetização contribui com a memória verbal[54],

---

53. Maia (2015, p. 8), define Psicolinguística como "a ciência da cognição da linguagem". Para maior aprofundamento, ver Maia (2015) e Maia (2018).
54. Como será detalhado no Capítulo 4, dentre os muitos pesquisadores que investigam tal questão, destacam-se Kolinsky (2015), Demoulin e Kolinsky (2016), Morais (2019), Kolinsky *et al.* (2020) e Kolinsky (2021).

constatamos que tal processo constitui o primeiro grande passo para um raciocínio complexo e para uma capacidade de argumentação bem elaborada e organizada, não somente através da escrita, mas, também, das habilidades orais[55].

A partir dessas constatações, na linha de vários outros autores[56], concordamos que uma maior integração entre os saberes das ciências humanas e biológicas se faz necessária para o entendimento do processo de alfabetização. Em outras palavras, o entendimento das bases psico(linguísticas) e biológicas subjacentes à alfabetização permite-nos compreender a natureza complexa do referido processo com maior exatidão, de modo, inclusive, a motivar a proposição de atividades práticas para o contexto de sala de aula mais condizentes com essas bases. Recordemos que a alfabetização não se caracteriza como um processo espontâneo: a criança deve ser instigada e instruída a identificar a relação entre o sistema alfabético e os sons da língua em questão – ou das línguas, no caso da educação bilíngue. Como veremos em detalhe no Capítulo 4, que trata dos aspectos neurobiológicos que subjazem a alfabetização e a leitura, essa aprendizagem acarreta um processo de reciclagem neuronal: quando nascemos, vemos um objeto com orientação à direita ou à esquerda como um mesmo objeto; entretanto, a direção específica dos tracejados que formam as letras torna-se uma informação relevante para a leitura. Tais informações acerca da direção dos tracejados precisam ser reconhecidas pela criança (Kolinsky *et al.*, 2011; Dehaene, 2012). Em outras palavras, há uma grande diversidade de efeitos da alfabetização na atividade cerebral (Dehaene *et al.*, 2010).

---

55. Essas são apenas duas das muitas influências exercidas pelo aprendizado das relações grafofonológicas nos domínios da linguagem e cognição. Para uma discussão pormenorizada dos diversos efeitos exercidos sobre esses dois âmbitos, veja-se Kolinsky (2015).
56. Dentre eles, Changeux (2012), Dehaene (2012), Scliar-Cabral (2018a, 2018b) e Morais (2021).

As relações estabelecidas entre os símbolos gráficos e os elementos sonoros distintivos (ou seja, as relações grafofonológicas) variam de língua para língua. Há línguas, como o português[57] e o espanhol[58], em que a relação grafofonológica é mais transparente. Nessas línguas, há uma maior previsibilidade devido ao maior grau de correspondência biunívoca entre o grafema e o elemento sonoro distintivo correspondente (sendo tal relação, portanto, mais previsível). Um exemplo que ilustra isso seria o fato de que, tanto em português quanto em espanhol, a vogal [i] é grafada com <i>. Outras línguas, como o inglês[59], apresentam uma relação mais opaca, uma vez que um mesmo grafema pode se referir a uma série de unidades sonoras, ou uma mesma unidade sonora pode ser representada por distintos grafemas. Como exemplo dessa maior opacidade do inglês, podemos verificar que o grafema <e> pode representar tanto a vogal [i:] (como em *me*) como a vogal [ɛ] (como em *bed*). Por sua vez, a vogal [i] pode ser representada, também, por <ee> (*keep*), <ea> (*sea*) e <eo> (*people*), dentre diversas outras possibilidades[60]. É preciso dizer, entretanto, que o grau de opacidade grafofonológica não se caracteriza como um construto binário (do tipo sim/não), mas sim como um contínuo. Portanto, ainda que tanto o espanhol quanto o português possam ser considerados mais transparentes do que o

---

57. Para uma caracterização dos sistemas vocálico e consonantal do português brasileiro e suas implicações na aquisição por parte de aprendizes de outras línguas, ver Brum-de-Paula e Gonçalves (2020) e Silva (2020), respectivamente.

58. Para uma caracterização, em língua portuguesa, dos sistemas vocálico e consonantal do espanhol, ver Blank e Motta-Ávila (2020) e Brisolara e Silva (2020), respectivamente.

59. Para uma caracterização, em língua portuguesa, dos sistemas vocálico e consonantal do inglês, ver Lima Jr. e Silveira (2020) e Alves e Engelbert (2020), respectivamente.

60. Em termos pedagógicos, conforme problematizaremos em breve, é importante destacar a importância de o professor, seja na L1 ou na LA, demonstrar que um mesmo som pode ser representado por diferentes letras ou dígrafos (por exemplo, o som de [ʃ] em <x>arope e em <ch>ave, em português, ou em <s>ure - certo - e <sh>ame - vergonha -, em inglês). É importante que o professor deixe claro, também, que uma mesma letra pode representar mais de um som, como a letra <s> em <s>ua [s] e ca<s>a [z], em português, ou em <s>afe [s] (seguro) e <s>ure [ʃ] (certo), em inglês.

inglês, o espanhol, por sua vez, apresenta-se como uma língua cuja relação grafofonológica é bastante mais transparente do que a do português[61].

Sobretudo em línguas nas quais as relações grafofonológicas se mostram mais transparentes, a utilização de atividades que desenvolvam consciência fonológica, que levem a criança a refletir sobre os princípios do sistema alfabético, assume um papel ainda mais fundamental durante o processo de alfabetização. Isso tampouco inviabiliza que os princípios do sistema alfabético em línguas cujas relações grafofonológicas são mais opacas, tal como o inglês, sejam também explorados pelo professor[62]. É essencial, entretanto, que o aluno seja guiado pelo alfabetizador no aprendizado de tais princípios. Conforme Scliar-Cabral (2018a), não podemos simplesmente assumir que a criança terá condições de estabelecer sozinha, com igual sucesso, as relações grafofonológicas de sua língua. Ressaltamos aqui, conforme visto no capítulo anterior, que o desenvolvimento do nível de consciência da sílaba ocorre inclusive entre crianças em idade pré-escolar e analfabetas, e que, ainda que a consciência da sílaba possa (e deva) ser estimulada, essa emerge sem a necessidade de uma instrução. Entretanto, a alfabetização, ao contrário, requer uma intervenção clara e planejada por parte do professor, intervenção essa que deverá incluir o estabelecimento da relação entre os domínios dos grafemas e das unidades fonológicas. Em suma, segundo as palavras de Scliar Cabral (2018a, p. 258),

> A aquisição do sistema oral se dá de forma natural e espontânea nas crianças que não apresentem nenhum impedimento sensorial ou cognitivo para processar a fala. As primeiras palavras ocorrem por volta de um ano de idade. O sistema escrito, no entanto, é construído no contexto do ensino-aprendizagem de forma sistemática, intensiva, quando a criança já atingiu certa maturidade cognitiva, linguística e emocional. Ao nascer, o cérebro do bebê não está com os circuitos que o constituem inteiramente prontos, nem com os conhecimentos

---

61. Para uma descrição dos princípios do sistema alfabético do Português Brasileiro, veja-se Scliar-Cabral (2003). Para um uma discussão sobre relações grafofonológicas opacas e transparentes e exemplos de línguas sob essa caracterização, ver Veloso (2005).
62. Tal questão será mais bem discutida no Capítulo 6 desta obra.

de sua variedade sociolinguística já armazenados em suas várias memórias. O amadurecimento é gradativo e depende, também, da experiência.

Por fim, é justamente a partir das premissas estabelecidas no parágrafo anterior que elaboramos o presente capítulo. A próxima seção traz uma reflexão mais detalhada da natureza da consciência fonêmica (que, a nosso ver, deveria se chamar 'consciência grafofonológica', conforme explicaremos a seguir), problematizando seu papel no processo de alfabetização.

3.1. ALFABETIZAÇÃO E CONSCIÊNCIA GRAFOFONOLÓGICA

Recordemos do **Modelo dos Quatro Níveis de Literacia**, proposto em Alves, Finger e Brentano (2021) e apresentado no primeiro capítulo deste livro: a etapa de alfabetização constitui um nível específico, denominado de Literacia Alfabética. Tal proposição se dá justamente pelo fato de a alfabetização ir além do desenvolvimento de consciência nos níveis da sílaba e das unidades intrassilábicas: o processo de alfabetização estabelece no indivíduo a capacidade de reconhecer a unidade segmental como elemento da cadeia da fala, e, paralelamente, a manifestação de um nível ainda mais alto de consciência fonológica, que as pesquisas comprovam não emergir em indivíduos não alfabetizados[63]. Em outras palavras, paralelamente ao processo de alfabetização, o indivíduo desenvolve a chamada 'consciência fonêmica' ou 'consciência fonológica no nível do fonema'.

Em sua caracterização tradicional, a 'consciência fonêmica' corresponde "à capacidade de reconhecer e manipular as menores unidades de som que possuem caráter distintivo na língua" (Alves, 2012a, p. 39). O desenvolvimento desse nível (que, lembremos, emerge **junto** à alfabetização, não antes) implica uma série de habilidades, tais como identificar e apontar vocábulos com o mesmo segmento inicial ou final, acrescentar ou excluir

---

63. Dentre os muitíssimos autores que investigam essa questão, podemos citar Morais *et al.* (1979), Morais *et al.* (1986), Read *et al.* (1986), Spagnoletti *et al.* (1989), Prakash *et al.* (1993), Nakamura *et al.* (1998), Veloso (2003), Fluss *et al.* (2009), Dehaene *et al.* (2010).

um segmento, transpor os segmentos de posição, além de tarefas de síntese e de segmentação. A Tabela 3 ilustra de que forma essas habilidades são retratadas, com exemplos tanto em português como em inglês.

Tabela 3 – Habilidades tradicionais referentes ao nível de consciência fonêmica em português e em inglês (em itálico)

Habilidade	Estímulo	Resposta esperada
Identificação de vocábulos com mesmo fonema inicial	vaso *hat*	vovó *house*
Identificação de vocábulos com mesmo fonema final	calor *laugh*	par *cough*
Adição	ala *peak*	sala *speak*
Exclusão	tema *fall*	ema *all*
Síntese	/u/ /v/ /a/ /tʃ/ /u/ /z/	uva *choose*
Segmentação	viva *thief*	/v/ /i/ /v/ /a/ /θ/ /i/ /f/

Nota-se que sobretudo as últimas três tarefas do Quadro 3 se mostram de maior dificuldade para a criança em processo de alfabetização, em função da alta demanda de processamento. Para isso, quanto mais instanciada estiver a memória visual dessa criança acerca dos grafemas, maior sua possibilidade de sucesso. Trata-se, portanto, de habilidades intrinsecamente dependentes da alfabetização. Em função dessas limitações impostas pela própria memória da criança, Moojen *et al.* (2003) sugerem que as tarefas de transposição fonêmica sejam realizadas com o uso de fichas, de modo que cada uma das fichas corresponda a um dos elementos a serem transpostos.

As tarefas que tradicionalmente se referem à 'consciência fonêmica' incitam uma discussão bastante importante não somente para o contexto da alfabetização, mas também acerca dos próprios modelos de representação fonológica: o debate sobre o *status* discreto *vs.* contínuo dos elementos da fala. Sabemos que nossa fala é uma sequência de sons, instanciados a partir dos movimentos feitos pelos articuladores do trato vocal, sendo que a sincronia desses movimentos revela as propriedades da gramática da língua em questão. Pensemos na produção de um simples item lexical, como a palavra 'fala'. Vemos, nesse exemplo, que as articulações que compõem o que tradicionalmente chamamos de 'segmentos' (/f/ /a/ /l/ /a/) se mostram concatenadas, caracterizadas por uma forte coarticulação entre os elementos. De fato, se formos analisar a produção dessa palavra em um espectrograma, como no *software Praat*[64], por exemplo, seria bastante difícil determinar com precisão onde inicia e onde termina o que concebemos como o som de [l], devido à sua coarticulação com a vogal que o antecede e com a vogal que o segue. Em outras palavras, a fala se dá através de um contínuo: cada elemento que chamamos de segmento (como o [f] e o [l], por exemplo) não apresenta limites ou fronteiras fonéticas claras[65] que determinam precisamente o seu início ou seu fim. Em um domínio ainda maior da cadeia da fala, a combinação de sons que formam o que denominamos de 'palavra' é, também, difícil de segmentar. Disso decorre, como já demonstramos através de exemplos, a confusão na sequência 'os olhos', dado que 'ozoio' pode ser considerado como um único item lexical por indivíduos que não estão alfabetizados.

As letras, por sua vez, são elementos linguísticos de natureza discreta. Em seu Dicionário de Linguística, Matthews (1997, p. 101) define como 'discreto' um elemento "que tem uma identidade altamente distinguível da dos outros elementos". Um elemento discreto, não gradiente, tem suas fronteiras de início e fim claramente definidas. Dessa forma, no que diz respeito

---

64. *Software gratuito*, elaborado por Paul Boersma e David Weenink. Disponível em https://www.fon.hum.uva.nl/praat/. Acesso em 24 de julho de 2022.
65. Esse é um dos grandes desafios a serem enfrentados pelos sintetizadores de fala humana. Se os elementos sonoros do sintetizador forem tomados discretamente, com fronteiras sempre iguais e sem privilegiar a coordenação e coarticulação entre os elementos, temos, como resultado, uma fala robótica, que não soa como a humana.

às letras em uma palavra escrita, é possível perceber exatamente o início e o fim dessas unidades. Em outras palavras, a ciência linguística caracteriza a distinção entre os elementos formais a partir de unidades discretas que representam o contínuo da produção da fala.

As tarefas apresentadas no Quadro 03 estão tomando os elementos da fala (os segmentos) como discretos. Isso fica claro nas atividades de síntese e segmentação, por exemplo. É preciso entender, entretanto, que tomar a fala a partir de elementos discretos somente se faz possível, para a criança, a partir do aprendizado do código alfabético, uma vez que as letras, enquanto unidade discretas, "levam" o leitor à "percepção" de que os elementos são discretos (embora não o sejam)[66]. Esse é o motivo pelo qual concluímos que a capacidade de resolução das tarefas que são apresentadas no Quadro 03 somente começam a emergir paralelamente à apropriação do código alfabético.

Acreditamos estar clara, agora, a afirmação de que a consciência fonêmica se distingue dos outros níveis de consciência fonológica por não emergir de forma espontânea; além disso, ela tem início com a alfabetização. É por isso que, no **Modelo dos Quatro Níveis de Literacia** de Alves, Finger e Brentano (2021), consideramos que tais habilidades metafonológicas estão situadas especificamente no nível de Literacia Alfabética. Com a emergência desse nível de literacia, a cadeia de sons da fala, de caráter contínuo e dinâmico, passa a ser interpretada como "segmentável" em unidades discretas pela criança (pelo apoio, justamente, das unidades discretas

---

66. Para deixar claro o caráter dinâmico da fala e o papel importante da coarticulação, inclusive no estabelecimento das distinções fonológicas por parte do ouvinte, recorremos a um exemplo do inglês trazido em Ladefoged e Johnson (2015). Os autores descrevem que, mesmo nos casos em que as plosivas finais (/p/, /t/, /k/) das palavras do inglês 'rap', 'rat' e 'rack' sejam produzidas sem uma explosão audível, o falante nativo do inglês será capaz de identificar qual membro do trio está sendo produzido. Isso se dá porque a vogal já carrega informações coarticulatórias da consoante seguinte, de modo que a vogal sofre a ação da "presença" dessas consoantes. Consideramos que exemplos como esse motivam a proposição de modelos de tempo intrínseco de representação fonológica (Fowler, 1980), tais como a Fonologia Articulatória de Browman e Goldstein (1986, 1992).

que representam o grafema). Para reforçar essa ideia, cabe considerar as palavras de Morais (2013a, p. 6),

> Observemos, por exemplo, a representação física da palavra "camembert". Podemos facilmente isolar as suas três sílabas, mas não podemos isolar fisicamente os seus fonemas. Na palavra falada "camembert", há essencialmente três emissões de voz, três sílabas. Vejamos agora uma representação esquemática das diferentes sílabas iniciadas pela consoante oclusiva dental sonora. Podemos compreender por que razão este fonema não é isolável. É porque a sua expressão física resulta da coarticulação com a vogal que o acompanha. Em cada uma daquelas sílabas ouvimos a mesma consoante, mas não há nenhum segmento que lhe corresponda de maneira invariável. A consoante e a vogal combinam-se.
>
> É sem dúvida muito interessante que, apesar dessa variabilidade física, ouçamos sempre a mesma consoante. Nós ouvimos, sim. Porém, as crianças, antes de serem alfabetizadas, ouvem o som da sílaba globalmente e não têm a impressão de ouvir a consoante enquanto tal.
>
> Assim como as crianças pré-alfabetizadas, também os adultos analfabetos não têm essa impressão. Isso foi mostrado há mais de 30 anos por um grupo de pesquisa do nosso laboratório em colaboração com Luz Cary, da Universidade de Lisboa, utilizando tarefas tais como repetir uma expressão sem o seu pedacinho inicial (Morais *et al.*, 1979). É a aprendizagem da leitura e da escrita alfabéticas que nos dá a impressão de ouvir a consoante. Por quê? Porque nós aprendemos a representar essa unidade abstrata – a que os linguistas chamam 'fonema' – por uma letra ou, em certos casos, por um grupo de letras (como o /õ/ de "som" e o /a/ de "chá"). Essa contrapartida do fonema na escrita chama-se 'grafema'.

Em outras palavras, a noção tradicional de 'fonema', tomado como uma unidade discreta de caráter distintivo, parece ser uma consequência do desenvolvimento do próprio sistema da escrita[67]. Cabe ressaltar que, antes

---

[67]. Na literatura contemporânea, Robert Port, em uma série de trabalhos (Port e Leary, 2005; Port, 2007a, 2007b, 2007c, 2010a, 2010b, 2016), critica o suposto caráter discreto da unidade fonema, que aproxima tal unidade, em muito, das próprias unidades da escrita. Talvez tal aproximação entre a unidade sonora e a escrita seja resultado da necessidade de se estabelecer um *status* representacional para a unidade sonora: de fato, toda unidade simbólica acaba por ter, inegavelmente, uma feição discreta. Isso fica claro no próprio Alfabeto Fonético Internacional, conforme a crítica feita por Ladefoged (1990) e Bladon *et al.* (1998). Uma vez que o sistema simbólico referente ao Alfabeto Fonético não consegue dar conta de todos os aspectos dinâmicos de coarticulação, apesar de sua tentativa de implementar tais fenômenos articulatórios por meio de uma série de símbolos diacríticos. A discussão sobre o caráter discreto da representação fonológica mostra-se ainda mais complexa quando consideramos concepções contemporâneas de Fonologia que se caracterizam,

da alfabetização, a criança também tem dificuldade de considerar os vocábulos átonos (clíticos) como itens lexicais independentes, uma vez que a noção de 'palavra escrita' também se dá com o desenvolvimento da alfabetização. Conforme aponta Scliar-Cabral (2018a), dado que a criança antes de se alfabetizar percebe a fala como um contínuo, explicam-se, assim, produções do tipo "zoiu" (ou até mesmo "ozoiu") nas escritas das crianças.

Em função dos argumentos aqui levantados, não é surpreendente que haja uma forte relação entre as unidades grafêmicas e a tradicional concepção de fonema (de natureza discreta). É essa relação que "molda" a percepção de que a fala é organizada a partir de elementos discretos[68]. Essa relação íntima, que pode vir a ser considerada como uma "impressão perceptual" acerca do *status* discreto das unidades segmentais, fica ainda mais clara quando consideramos o fato já mencionado de que a emergência das tradicionais habilidades de consciência fonêmica ocorre paralelamente à alfabetização.

Dessa forma, dada tal relação entre o desenvolvimento da escrita e o reconhecimento/habilidade de manipulação de fonemas, sugerimos chamar tal nível de habilidade metafonológica de 'consciência grafofonológica' em vez da tradicional caracterização de 'consciência fonêmica', dado o fato de que as unidades de escrita e dos sons se coadunam. Sob essa perspectiva, há um nível de consciência referente a unidades sonoras discretas somente porque também existem unidades gráficas que possibilitam o desenvolvimento de uma percepção de caráter segmental.

---

conforme as palavras de Fowler (1980), como "modelos de tempo intrínseco". Tais modelos trazem, para dentro de si, a própria temporalidade dos gestos articulatórios e as representações coarticulatórias como elementos representacionais fonológicos. Bons exemplos desses modelos são a Fonologia Articulatória (Browman e Goldstein, 1986, 1992) e a Fonologia Acústico-Articulatória (Albano, 2001, 2020). Ainda que as representações de tais modelos, caracterizadas pelas pautas gestuais, apresentem uma feição discreta em função de sua natureza representacional, tais representações já incorporam a temporalidade para dentro dessas representações, dando conta, inclusive, de momentos de ativação simultânea de gestos articulatórios.

68. Port e Leary (2006), Port (2007a,b,c; 2010a,b; 2016).

Cabe mencionar que o que estamos considerando como o nível de consciência grafofonológica não implica simplesmente a capacidade de "memorizar" a relação entre o símbolo gráfico e o elemento fônico correspondente. Não se trata de uma "memorização do princípio alfabético" de uma dada língua, muito pelo contrário. Consideramos a consciência grafofonológica como uma habilidade metafonológica em que o aprendiz consegue estabelecer, justamente, uma relação entre o símbolo gráfico e o sonoro, sendo esse último tomado como objeto discreto justamente em função do aprendizado da "tecnologia alfabética". Nesse sentido, Kolinsky, Pattamadilok e Morais (2012) fazem referência ao estudo de Hulme *et al.* (2005). No experimento em questão, verificou-se que crianças de duas nacionalidades (tchecas e inglesas) eram capazes de realizar tarefas de isolamento de fonemas (em que as crianças eram solicitadas a pronunciar o segmento inicial ou final de não palavras) em segmentos cujos símbolos gráficos correspondentes eram desconhecidos por tais crianças[69]. Concluímos, dessa forma, que, como os demais níveis de consciência fonológica, trata-se de uma ha-

---

69. A partir dos dados, Hulme *et al.* (2005, p. B1) concluem ser possível "refutar a ideia de que a habilidade de manipular fonemas possa ser desenvolvida como uma consequência de conhecimento ortográfico (correspondência letra-som). A nosso ver, os dados demonstram se tratar do desenvolvimento de uma habilidade metalinguística, que depende do desenvolvimento das relações letra-som, mas não necessariamente requer o aprendizado de todas as relações entre letras e sons para a sua emergência. Conforme as palavras de Kolinsky, Pattamadilok e Morais (2012, p. 166), "é preciso que se admita que os efeitos da ortografia observados em tarefas metafonológicas provavelmente refletem o uso estratégico do conhecimento da soletração como uma forma de recurso". Os autores fundamentam sua afirmação em estudos empíricos como o de Cutler, Treiman e van Ooijen (2010), Frauenfelder, Seguí e Dijkstra (1990) e Dijkstra, Roelofs e Fiewus (1995), nos quais foram verificados mais altos índices de acuidade naquelas tarefas que envolviam uma correspondência consistente entre o símbolo gráfico e a unidade fonológica (por exemplo, em português brasileiro, o fonema /p/ é expresso apenas pelo grafema <p>, de modo a haver uma correspondência biunívoca entre as unidades. Por sua vez, isso não ocorre com o fonema /s/, que pode ser expresso por <s>, <c>, <ç>,<ss>, <sc> e <xc>). Morais, Leite e Kolinksy (2013) também mencionam estudos desenvolvidos em seu laboratório que sugerem que "o treino da análise fonêmica produz efeitos que não se limitam aos exemplares encontrados e conduz, portanto, à aquisição de uma habilidade generalizada a analisar a fala em fonemas" (*op. cit.*, p. 27).

bilidade de reflexão e, sobretudo, manipulação de unidades linguísticas. Tal habilidade é engatilhada pela alfabetização pelo fato de o conhecimento da relação alfabética possibilitar a reflexão acerca da existência de unidades segmentais da fala.

Para além de uma mera mudança do nome no que tange à referida habilidade de consciência fonológica, considerar as habilidades do Quadro 3 a partir das reflexões aqui feitas implica assumir o papel fundamental do caráter discreto da grafia, que, à luz das referidas tarefas, "moldaria" a representação sonora. Esse caráter discreto da representação sonora é possível dada a presença de invariantes acústico-articulatórios do sinal de fala, moldado representacionalmente pelo caráter discreto dos grafemas. Por sua vez, cabe mencionar o caráter dinâmico dos sons e suas articulações (sejam eles tidos como parte do componente fonético, à luz de uma metodologia tradicional, seja a partir de um modelo de tempo intrínseco que traga a coarticulação para dentro da própria estrutura representacional). Ao levarmos esses aspectos em consideração, concebemos que atividades como as de síntese e segmentação (veja-se o Quadro 3) podem desafiar os aprendizes pelo fato de que a emissão de alguns sons de forma isolada pode representar uma dificuldade adicional, sobretudo porque unidades de caráter dinâmico estariam sendo "sonorizadas". Isso é especialmente complicado nos casos de produção isolada de sons oclusivos[70]: sobretudo nesses casos, unidades dinâmicas estariam sendo representadas como discretas[71].

Conforme veremos ao término desse capítulo, ainda que atividades de síntese e segmentação possam se mostrar problemáticas em função dos as-

---

70. Scliar-Cabral (1999, 2002) critica as atividades de segmentação e síntese com sons oclusivos, o que leva Moojen et al. (2003), no teste de consciência fonológica CONFIAS, a realizarem tais tipos de tarefas somente com segmentos contínuos.

71. De fato, se formos pensar em modelos de tempo intrínseco (cf. Fowler, 1980), as tarefas do Quadro 3 diriam mais respeito à própria letra do que à noção representacional que se tem dos elementos fonológicos, nos modelos em questão. Não entraremos em uma maior discussão a esse respeito na presente obra, mas é preciso dizer que tal fato implicaria uma mudança ainda maior na concepção que sustenta essas tarefas (ou, ainda, modificações substanciais a esse quadro de atividades).

pectos mencionados anteriormente, vemos que, na linha de uma série de autores (Scherer, 2012; Blanco-Dutra *et al.*, 2012; Scherer e Wolff, 2020b), é preciso deixar claro que consideramos fundamental a realização de atividades de sala de aula voltadas ao desenvolvimento de habilidades grafofonológicas. Tais atividades devem levar em consideração a relação estabelecida entre letra e som, sem desvincular essas duas entidades (levando a criança a perceber, portanto, que 'pato' e 'gato' são pares mínimos representados por grafemas iniciais distintos, assim como 'bed' and 'red'). Nesse sentido, mostra-se fundamental trabalhar as relações entre as letras e os sons a partir de unidades prosódicas maiores, como sílabas e palavras (unidades que já apresentam coarticulação entre os elementos). O uso de pares mínimos, dessa forma, pode representar uma ferramenta bastante importante para o desenvolvimento da consciência da relação grafofonológica.

3.2. AS ETAPAS DE APRENDIZAGEM DA LEITURA

Ao enfocarmos o processo de leitura, é importante também discutirmos as etapas pelas quais a criança passa ao longo de sua trajetória desenvolvimental. Na literatura sobre alfabetização, há uma série de modelos para dar conta dessas diferentes etapas, de modo a caracterizarem propostas distintas, inclusive, no que diz respeito à concepção de base epistemológica que as sustenta[72]. Na presente seção, focaremos em uma proposta que consideramos ser epistemologicamente coerente com a linha de argumentação que desenvolvemos ao longo deste livro: a teoria de fases de leitura de Ehri (1992, 1998, 1999, 2005, 2013)[73]. Essa proposta considera que o processo de leitura visual, em que a imagem grafada já

---

72. Para uma descrição dessas diferentes propostas, ver Soares (2020b).

73. Para uma verificação dessa proposta no processo de leitura por crianças brasileiras, ver as de Abreu e Cardoso-Martins (1998) e Cardoso-Martins (2001). Para uma aplicação da proposta no processo de escrita de crianças brasileiras, vejam-se Cardoso-Martins (2013) e Selau e Scherer (2021).

é reconhecida e lida instantaneamente pela criança, corresponde à etapa final da aprendizagem da leitura, que tem por base etapas iniciais caracterizadas pelo estabelecimento de relações grafofonológicas.

Ehri descreve a existência de quatro fases distintas no desenvolvimento da leitura. Cada uma das fases representa uma habilidade diferente no que diz respeito a uma estratégia adotada pela criança. No que segue, descrevemos as referidas fases:

(i) **Fase pré-alfabética**: antes da instrução, a criança não se atém, ainda, aos grafemas propriamente ditos. O que pode ser entendido como 'leitura', nesta etapa, diz respeito ao reconhecimento de uma característica saliente referente à grafia do vocábulo, como se tal característica fosse armazenada como um ícone em sua memória, uma espécie de desenho, assumindo o caráter de pista contextual. Um bom exemplo é o reconhecimento dos arcos dourados que caracterizam o M da franquia McDonalds, que leva a criança a reconhecer que aquela grafia remete à lanchonete em questão. Ehri (2005) ressalta que, dado o fato de que a maioria das palavras grafadas não apresenta tais pistas visuais salientes, não podemos considerar as crianças que se encontram nessa etapa como leitoras.

(ii) **Fase alfabética parcial:** nessa etapa, as crianças já conhecem os nomes das letras do alfabeto, fazendo uso desse conhecimento para auxiliá-las na leitura das palavras. Entretanto, a relação grafofonológica estabelecida não ocorre ainda com todas as letras, uma vez que a criança tende a se concentrar, sobretudo, nas primeiras ou últimas letras das palavras grafadas, pois essas são mais fáceis de notar. Sendo esse o caso, muitos dos grafemas localizados no meio das palavras tendem a passar despercebidos. Como exemplo, Ehri (2005) diz que palavras do inglês como '*spoon*' (colher) e '*skin*' (pele) podem ser facilmente confundidas pela criança nesse nível de alfabetização, uma vez que ambas as palavras têm grafias iniciadas por <s> e finalizadas por <n>[74].

---

74. Exemplos em português poderiam ser 'anel' e 'anzol', com a ressalva de que esses exemplos correspondem a palavras dissilábicas.

(iii) **Fase alfabética completa:** essa fase já se caracteriza pelo estabelecimento de todas as relações grafofonológicas de uma palavra, de modo que a criança realize sua leitura através de um processo pleno de recodificação leitora. Considerando-se o exemplo anterior, referente aos vocábulos 'skin' e 'spoon' do inglês, nessa fase a criança já consegue ler ambos, de modo a estabelecer as diferenças entre eles. Cabe mencionar que, nessa etapa, a criança também já se mostra capaz de ler novas palavras, uma vez que está fazendo uso da recodificação leitora, a partir de um processo *bottom-up* de leitura (ou seja, das unidades menores – os grafemas – até a maior – o vocábulo).

(iv) **Fase alfabética consolidada:** essa etapa é desenvolvida à medida que a criança vai retendo um número cada vez maior de imagens visuais (grafadas) das sílabas ou vocábulos na memória; assim, as relações grafema-fonema das palavras em questão passam a ser consolidadas em unidades maiores (sílabas ou vocábulos), de modo a formar *chunks* (agrupamentos) de letras. Tal fase torna a leitura mais rápida e menos onerosa para a memória de trabalho, permitindo que a criança se concentre no conteúdo do que está sendo dito. Quanto mais *chunks* forem sendo armazenados, mais a leitura passa a ser considerada "visual", de modo que vá se consolidando um processo do tipo "*top-down*" de leitura (ou seja, tomando, como ponto de partida, unidades maiores, tais como palavras). Cabe mencionar que, como vimos anteriormente, o processo *bottom-up* estará sempre disponível ao leitor, durante toda a vida. Em outras palavras, caso a criança se depare com palavras ainda não armazenadas na sua memória ou até mesmo palavras novas, ela pode fazer uso de uma decodificação grafofonológica, unidade por unidade, para conseguir ler o vocábulo em questão.

Ehri (2005) ressalta que o uso do termo 'fases' se mostra mais apropriado do que 'etapas' porque nem todos os aprendizes passarão por todas as fases de maneira igual, uma vez que não há uma noção de pré-requisito entre as fases apontadas. Além disso, a partir de seus estudos, a autora mostra que a fase pré-alfabética não necessariamente contribui para o desenvolvimento da leitura alfabética, o que explica a "independência" entre as fases. A autora também ressalta que o processo de reconhecimento visual da palavra pode implicar habilidades combinadas das fases alfabéticas anteriores. Em outras palavras, "as fases simplesmente caracterizam os tipos predominantes de conhecimento alfabético utilizado" (Ehri, 2005, p. 176).

Duas outras variáveis referentes à proposição das fases de Ehri (1992, 1998, 1999, 2005, 2013) mostram-se bastante importantes: o *status* transparente/opaco das relações grafofonológicas da língua em que se dá a leitura e o método de alfabetização. Nesse âmbito, Cardoso-Martins (2001) conduziu um estudo com crianças brasileiras, sendo importante lembrar que o PB apresenta uma relação grafofonológica mais transparente do que o inglês, língua sobre a qual a proposta de Ehri foi construída. Tais crianças foram organizadas em dois grupos, denominados de global e fônico, a partir do método com que estavam sendo alfabetizadas. A autora mostrou que, após três meses de instrução de leitura[75], o grupo que estava sendo alfabetizado com o método global demonstrou evidências da fase alfabética parcial, ao passo que as crianças que recebiam instrução sob o método fônico demonstraram ter iniciado a leitura a partir da fase alfabética completa, sendo capazes de decodificar letra a letra. A autora defende que tais resultados não somente mostram a possibilidade de saltos de fases, mas, também, que a fase inicial pode depender do método de alfabetização empregado.

---

75. Enfatizamos, aqui, o período de tempo de três meses que as crianças do estudo que recebiam instrução acerca da relação letra-sons levaram para atingir a fase alfabética completa. Essa verificação empírica é importante para deixar claro o fato de que o processo de alfabetização, de desenvolvimento da consciência grafofonológica, é bastante rápido, desde que a criança tenha o respaldo pedagógico apropriado por parte do educador (através, por exemplo, da reflexão sobre as relações entre letras e sons). Não se trata de um processo que leva mais de um ano (ou até mais tempo, de acordo com a crença de alguns educadores): a criança **deve** chegar à leitura alfabética consolidada logo no primeiro ano do ensino fundamental, e isso é plenamente possível se, para além de um mero "jogo de adivinhações", a criança possa estabelecer relações entre as letras e os sons por elas representados.

Ainda no que diz respeito às fases propostas por Ehri, Cardoso-Martins (2008, p. 159) explica que, para o entendimento desse modelo, "duas variáveis são fundamentais para o desenvolvimento da leitura e da escrita de palavras: o conhecimento alfabético e a consciência fonológica". No referido trabalho, é discutida a possibilidade de correlações entre as fases supracitadas e os níveis de consciência fonológica. A autora considera a hipótese de que o nível referente à rima se correlaciona com a fase alfabética parcial, ao passo que o tradicional nível de consciência fonêmica pode ser correlacionado à fase alfabética. Em seu estudo, Cardoso-Martins encontra evidências a favor dessa hipótese. A partir desses achados, a autora sugere que "a habilidade de formar conexões entre as letras ou sequências de letras nas grafias das palavras e os sons na sua pronúncia constituem o cerne do desenvolvimento da leitura e da escrita de palavras" (Cardoso-Martins, 2008, p. 165).

3.3. RELAÇÃO ENTRE AS FASES DE ALFABETIZAÇÃO E OS NÍVEIS DE LITERACIA

Com base na relação entre as fases de alfabetização e os níveis de consciência fonológica, podemos retomar ambos os construtos a partir dos níveis sugeridos no **Modelo dos Quatro Níveis de Literacia** de Alves, Finger e Brentano (2021), apresentado em detalhe no primeiro capítulo. Consideramos que, a essa altura, o leitor já consiga estabelecer a relação entre as fases de leitura de Ehri e os dois primeiros níveis de literacia propostos no modelo em questão, deixando clara a pertinência de discutirmos o modelo de fases de Ehri. Ao considerarmos o modelo de fases em questão e suas correspondências aos níveis de literacia, associamos a fase pré-alfabética e a fase alfabética parcial ao nível das Habilidades Sociometalinguísticas. Conforme visto nos parágrafos anteriores, através da pesquisa de Cardoso-Martins (2001), crianças alfabetizadas em um método global apresentavam a fase alfabética parcial. Por sua vez, as fases alfabética completa e alfabética consolidada devem ser associadas ao nível de Literacia Alfabética do modelo de Alves, Finger e Brentano (2021). De fato, conforme sugerido em Cardoso-Martins (2008), a fase de Literacia Alfabética correlaciona-se com a consciência fonêmica (ou, conforme a denominação sugerida no presente capítulo, 'consciência grafofonológica'). Conforme temos afirmado ao longo de toda a obra, essa fase se faz possível apenas com o início do processo de alfabetização.

Ao considerarmos os dois primeiros níveis de literacia propostos em Alves, Finger e Brentano (2021), referentes às Habilidades Sociometalinguísticas e à Literacia Alfabética, julgamos pertinente ressaltar os direcionamentos dos processamentos (*bottom-up* ou *top-down*) durante a leitura realizada pela criança nessas duas fases. Em princípio, no nível de Habilidades Sociometalinguísticas, as habilidades metafonológicas da criança iniciam de unidades maiores para menores, uma vez que a habilidade inicial de consciência fonológica a ser desenvolvida é a da sílaba, estendendo-se a unidades menores, como os elementos das aliterações e das rimas internas à sílaba. Temos, portanto, um processo *top-down*.

No início da Literacia Alfabética, temos o desenvolvimento das habilidades referentes à consciência grafofonológica. Trata-se, pois, de habilidades que envolvem um nível ainda menor, sobretudo se formos considerar a sequência de desenvolvimento "consciência da sílaba – consciência das rimas/aliterações – consciência no nível da relação grafofonológica". Entretanto, com o início do desenvolvimento desse último nível, começa a ter lugar um processamento de direção diferente, a partir do desenvolvimento da prática de decodificação leitora por parte da criança: um processamento de leitura a partir da relação letra-som, de modo a formar unidades maiores como sílabas e palavras. Tal constatação nos leva a, novamente, justificarmos o que consideramos um diferente *status* para os níveis de consciência da rima e das unidades intrassilábicas em comparação à consciência das relações grafofonológicas. A partir dessa última, não somente a criança começa a separar a cadeia de som em unidades menores, mas também começa a estabelecer um processo de leitura que vai do menor para o maior. Temos, assim, o desenvolvimento da fase alfabética completa.

Conforme vimos, ainda no nível da Literacia Alfabética, a criança vai além, de modo a memorizar *chunks* maiores, como sílabas e as próprias palavras, dirigindo-se à fase da literacia consolidada. De acordo com Kolinsky (2021), um aspecto surpreendente, para além de que a memória contribui com a aprendizagem, é o fato de que a própria aprendizagem da leitura exerce efeitos na memória verbal. É justamente na literacia consolidada que, na recodificação leitora, começamos a ter evidência da emergência de um processo *top-down* de leitura. Disso resulta uma "leitura automática" que possibilita que a memória de trabalho[76] não se preocupe com a decodificação letra-a-letra *per se* e passe a se concentrar no conteúdo daquilo que está escrito (Dehaene *et al.*, 2010; Dehaene, 2012). Relembramos que, ainda que tal etapa se encontre bem consolidada, sempre haverá a possibilidade de uma decodificação do tipo grafema a grafema, do tipo *bottom-up*, o que se mostrará necessário frente a palavras desconhecidas.

Em suma, o nível da Literacia Alfabética, de acordo com o modelo proposto por Alves, Finger e Brentano (2021), demonstra uma complexidade bastante maior do que o das Habilidades Sociometalinguísticas. Ao passo que no nível das Habilidades Sociometalinguísticas encontrávamos um processo de desenvolvimento de habilidades metafonológicas de unidades maiores para menores, no nível seguinte atingem-se habilidades metafonológicas que emergem apenas com o desenvolvimento da alfabetização. Com o processo de alfabetização, não somente a criança é capaz de detectar unidades menores na fala, mas também dá início à recodificação leitora, a partir de um processo *bottom-up*. A partir da consolidação desse processo, tem lugar majoritário um processo de leitura *top-down,* o qual interage com ocasiões de processamento *bottom-up*, sempre que a imagem visual de uma dada palavra ainda não se mostre consolidada para a criança.

---

76. O construto 'memória de trabalho' será definido no Capítulo 4.

Antes de encerrarmos esta seção, consideramos pertinente prever questionamentos como o seguinte: "ora, se o objetivo da leitura eficiente corresponde ao que o modelo de Ehri (1992, 1998, 1999, 2005, 2013) chamaria de 'fase alfabética consolidada', que é caracterizada sobretudo por um processo *top-down* de leitura, por que investir em um processo *bottom-up* no início da alfabetização, ao invés de partir para métodos globais de alfabetização?" Como resposta, julgamos pertinente retomar, novamente, as evidências de uma série de estudos que mostram que o desenvolvimento das habilidades de consciência fonológica funciona como um preditor para a alfabetização[77]. Somam-se a essas evidências os achados de Cardoso-Martins (2001) destacados neste capítulo, os quais demonstram que o método de alfabetização pode ter efeito nas fases de alfabetização demonstradas pela criança.

Por fim, consideramos pertinente retomar que o desenvolvimento da alfabetização consolidada é acelerado pelo aprendizado das relações entre letra e som. A decodificação letra a letra e o conhecimento das relações grafofonológicas permitem que, em curto prazo, as imagens visuais das palavras já sejam armazenadas. Atingir tal fase de alfabetização sem esse recurso compreenderia um "jogo de adivinhação", a partir do qual a criança teria de estabelecer lentamente as relações grafofonológicas por si mesma ou armazenar cada um dos itens lexicais grafados como imagem que não se relacionam entre si – sendo ambos os processos custosos e lentos). Para além dessa questão, palavras desconhecidas ou novas não poderiam vir a ser lidas, uma vez que o processamento *bottom-up* não estaria disponível ao aprendiz. Na seção que segue, discutiremos as implicações desses achados para o universo de sala de aula.

---

77. Bradley e Bryant (1983), Goswami e Bryant (1990), Ball e Blachman (1991), Hatcher, Hulme e Ellis (1994), Cardoso-Martins (1995), Bryant (1998), Lima (2002), Mcbride-Chang *et al.* (2005), Castles, Wilson e Coltheart (2011), Correa e Cardoso-Martins (2012), Rakhlin, Cardoso-Martins e Grigorenko (2014), Michallick-Triginelli e Cardoso-Martins (2015).

3.4. CONSIDERAÇÕES FINAIS

Neste capítulo, propusemos a denominação de 'consciência grafofonológica' para o nível tradicionalmente chamado de 'consciência fonêmica'. Situamos tais habilidades metafonológicas dentro do nível de 'Literacia Alfabética' do modelo de Alves, Finger e Brentano (2021). Na esteira de Cardoso-Martins (2008), ao analisarmos os níveis de consciência fonológica a partir das fases de desenvolvimento da leitura propostas por Ehri (1992, 1998, 2005, 2013, 2015), foi possível associar as fases alfabética completa e alfabética consolidada ao nível da Literacia Alfabética, sendo que a fase alfabética consolidada demonstra o caráter complexo da leitura espontânea e eficiente, caracterizada pela ativação tanto de processos *bottom-up* quanto *top-down*.

Conforme destacamos aqui, o desenvolvimento de habilidades de consciência fonológica no nível da sílaba e no nível intrassilábico, bem como o ensino das relações grafofonológicas, constituem passos primordiais para o desenvolvimento de uma leitura consolidada. Esse aspecto é de especial importância para pais e, sobretudo, professores alfabetizadores: é essencial oportunizar que a criança pense sobre a língua, bem como ensiná-la sobre a relação entre letras e sons. Nesse sentido, concordamos com Scliar-Cabral (2018a) a respeito da necessidade de o professor seguir um método de alfabetização[78] que guie a sua prática docente.

Apesar de tamanha importância, conforme já discutimos, no contexto nacional de ensino, ainda encontramos posições pendulares referentes à prática do professor no processo de alfabetização. Para alguns educadores e pesquisadores, trata-se, ainda, de uma questão do tipo "ou isso ou aquilo", como se o

---

78. Um bom exemplo de método de alfabetização que aposta nas relações grafofonológicas é o Sistema Scliar de Alfabetização (SSA – Scliar-Cabral, 2013, 2018c, 2020a, 2020b). Conforme explicam Scliar-Cabrial, Bispo e Santos (2022), o referido método, desenvolvido por Leonor Scliar Cabral, é o resultado da aplicação de conhecimentos advindos da vasta formação linguística e psicolinguística da autora, associados aos saberes da neurociência da leitura (Dehaene, 2012) e da gramatologia (Daniels e Bright, 1996).

trabalho de conscientização acerca do sistema de sons se opusesse a práticas de leitura de caráter global. Novamente, ressaltamos nossa convicção de que a consciência dos sons constitui o primeiro passo para que o professor possa garantir uma compreensão leitora eficiente. Ressaltamos, novamente, que acreditamos em uma abordagem conciliatória entre atividades de consciência dos sons e o trabalho com textos autênticos, em um cenário comunicativo autêntico. Fazemos nossas as palavras de Morais (2021, p. 585):

> A ciência da leitura mostrou que, para ensinar a ler e a escrever, seria necessário passar pela instrução fônica, da mesma maneira que, para resolver problemas aritméticos, deve-se começar por aprender os números e as operações. Então, é evidente que nós temos que aprender o que é o alfabeto, ao que correspondem as letras do alfabeto, o que é o código ortográfico da língua. Isso tem de ser ensinado, mas é só a primeira parte do processo, não se chega a letrar apenas aprendendo isso, mas tem que se **começar** por isso, porque há ordem nas aprendizagens. O que não quer dizer que a criança não deva ser confrontada com textos que, evidentemente, ela não sabe ler. O professor pode lê-los e, através da leitura desses textos, o professor traz para as crianças a linguagem escrita, que é uma modalidade diferente da linguagem oral. Essa atividade vai permitir o desenvolvimento da compreensão de textos que a criança ainda não consegue ler de forma autônoma. Isso me parece muito claro, por isso não entendo o motivo de causar tanta polêmica.

Cabe ainda dizer que tal posicionamento vai plenamente ao encontro das recomendações feitas pelo Júri da Conferência de Consenso 'Ler, Compreender, Aprender – como garantir o desenvolvimento das competências leitoras?', a qual foi organizada pelo CNESCO (Conselho Nacional de Avaliação do Sistema Escolar) e pelo Ifé (Instituto Francês de Educação)/ENS de Lyon, e teve lugar em 16 e 17 de março de 2016 na ENS (Escola Nacional Superior) de Lyon, França[79]. Dentre as 47 recomendações expressas no documento que expressa as orientações do júri da conferência[80], transcrevemos, no que se-

---

79. Como explica Gombert [2016/2021], uma conferência de consenso "visa a estabelecer a ligação entre, de um lado, as preocupações e as questões dos profissionais e do grande público, e, do outro, as produções científicas" (2021, p. 597).
80. O júri foi presidido por Jean Émile Gombert e formado por outros 17 pesquisadores e profissionais da educação.

gue, as recomendações referentes ao domínio de código e à identificação de palavras (recomendações R9 a R16):

R9: Desde a pré-escola (por volta dos 5 anos de idade), deve ser ensinado aos alunos o princípio alfabético e fazê-los adquirir a capacidade de analisar as palavras orais para identificar os seus componentes fonológicos: as sílabas e depois os fonemas.
R10: Na 1ª série, os exercícios de conscientização dos fonemas devem ser combinados com exercícios de correspondência da escrita e da pronunciação das palavras.
R11: O estudo das correspondências grafemas/fonemas deve começar desde o início da 1ª série. Durante os dois primeiros meses, é necessário que um número suficiente de correspondências (por volta de uma dúzia ou de uma quinzena) tenha sido estudado a fim de permitir aos alunos decodificar palavras de forma autônoma.
R13: É preciso propor rapidamente aos alunos, particularmente aos mais fracos, textos em que pelo menos a metade dos grafemas sejam facilmente decifráveis.
R14: Desde a 1ª série, é preciso fazer regularmente exercícios de escrita (sob forma de ditado – em particular para os alunos mais fracos – e/ou à escolha do aluno) paralelamente aos de leitura.
R15: Desde a 1ª série, é preciso fazer os alunos lerem em voz alta regularmente.
R16: A análise fonológica e o estudo das correspondências grafemas/fonemas devem prolongar-se enquanto o aluno sentir dificuldade em oralizar as palavras escritas, isso durante todo o ciclo 2 (dos 6 aos 9 anos), ou até no ciclo 3 (dos 9 aos 12 anos).

Fica claro, portanto, que a discussão acerca da pertinência de se trabalhar a conscientização do aprendiz acerca das questões grafofonológicas configura uma questão de debates bastante importante, também, nos contextos internacionais de ensino. Destacamos, ainda, a contemporaneidade dessa discussão. A despeito de acusações de que o método fônico se mostra como antigo e ultrapassado, concebemos que a discussão aqui feita ultrapassa os princípios do método fônico *per se*: trata-se de uma nova metodologia, que, ao mesmo tempo em que permite a exposição da criança a textos autênticos, não venha a desprezar a tomada de consciência sobre as relações grafofonológicas das línguas. Aconselhamos a leitura das demais recomendações, apresentadas na obra organizada por Gabriel, Guimarães e Townsend (2021), uma vez que a sua totalidade diz respeito ao que consideramos ser uma literacia plena, de modo a contemplar os quatro níveis propostos no modelo de Alves, Finger e Brentano (2021).

Ainda que possa soar repetitivo, queremos ressaltar, mais uma vez, a premissa basilar que guia esta obra: ensinar as relações grafofonológicas não significa um retorno à metodologia tipo "Ivo viu a uva". No mundo contemporâneo, temos acesso a uma série de materiais, livros de histórias, versinhos, parlendas, canções e materiais autênticos que podem ser utilizados pelo professor para que a relação entre letras e sons seja trabalhada em sala de aula[81]. Nesse sentido, é pertinente o emprego de jogos de figuras, baralhos, dados, enfim, a partir dos quais a criança perceba que não somente os grafemas representam o sistema de sons da língua, mas também que tais unidades discretas podem ser reorganizadas e recombinadas de modo a representarem unidades maiores[82]. Em meio a esse ambiente comunicativo, consideramos, também, pertinente a sugestão de Cagliari (2022). O autor recomenda que a reflexão sobre pares mínimos da língua

---

81. Em função de tal fato, ressaltamos a pertinência do chamado "método das boquinhas" (Jardini, 2003; Jardini; Souza, 2006 e Santos, 2012; Menchick, 2020). Tal método, ao apresentar informações visuais sobre o trato oral, constitui um recurso bastante apropriado para o processo de alfabetização. Nos dias atuais, em que contamos com recursos visuais de fácil acesso, o estabelecimento de tal método a partir de animações com a movimentação dos articuladores pode ser ainda mais propício, por deixar mais clara a dinamicidade da cadeia da fala e suas coarticulações, ao mesmo tempo em que se evidenciem os padrões "praticamente invariáveis" da articulação de uma dada vogal ou consoante. Investigações futuras que testem essa possibilidade didática se mostram bastante pertinentes.

82. Para exemplos de atividades, veja-se Bagatini (2020).

(ex: pato-bato-gato-mato-fato-rato) pode contribuir para acelerar a compreensão das relações grafofonológicas, uma vez que tal trabalho parte de distinções conhecidas da criança, em termos de vocábulo, e leva à reflexão de que tais distinções se fazem a partir de uma única unidade discreta.

Ainda que, no presente capítulo, nosso foco tenha estado sobretudo no desenvolvimento do processo de leitura[83], é preciso considerar a complexidade, também, do processo de escrita, sempre tendo-se em consideração que a escrita decorre do desenvolvimento da leitura (Scliar-Cabral, 2018a; Cagliari, 2022). Ao nos referirmos brevemente à aquisição da escrita, gostaríamos, brevemente, de chamar a atenção para um alerta feito por Chacon (2022): erros de escrita e erros ortográficos não correspondem à mesma coisa[84]. Nesse sentido, julgamos que esse alerta pode ser considerado a partir de dois aspectos principais: (i) muitas vezes, desde seus primeiros escritos, a criança já apresenta sequência de frases que demonstram um grau bastante claro de coesão e coerência (dando, portanto, os primeiros sinais de desenvolvimento da Literacia Textual e, em alguns casos, inclusive de Literacia Social, conforme o modelo de Alves, Finger e Brentano); nesse sentido, o que é considerado "escrever mal" diz respeito, apenas, à questão de dificuldades ortográficas, que a criança poderá superar ao longo de seu desenvolvimento (sobretudo, a partir de um contato massivo com a leitura); (ii) considerando-se sobretudo os casos em que a relação entre letras

---

83. Para uma reflexão acerca das diferenças entre os processos de ler e escrever e os desafios no ensino de cada um desses processos, aconselhamos a leitura de Scliar-Cabral, Bispo e Santos (2022).

84. Conforme mostram os estudos de um importante grupo de linguistas no Brasil e em Portugal, tais como Ana Ruth Moresco Miranda, Bernardete Abaurre, João Veloso, Lourenço Chacon e Luciani Tenani, há uma relação intrínseca entre o desenvolvimento da escrita e o sistema fonológico da criança. Nas palavras de Miranda (2018, p. 337), "os conhecimentos fonológicos servem de subsídios para a escrita inicial, e, ao mesmo tempo, os conhecimentos do âmbito da escrita afetam, de maneira indelével, aquelas estruturas linguísticas preexistentes". Os dados e constatações desses autores, a nosso ver, mostram-se consonantes com a consciência no nível grafofonológico, conforme aqui expressamos. Para uma maior discussão acerca da aquisição da escrita, sugerimos a leitura dos inúmeros estudos dos autores em questão.

e sons no Português Brasileiro não apresenta uma relação biunívoca (por exemplo, o primeiro fonema do vocábulo 'sala', representado pelo grafema <s>, pode ser representado por <ss>, <c>, <ç>, <sc>, <xc> e <sç>, cf. Scliar-Cabral, 2003), muitos dos erros ortográficos da criança dizem respeito, portanto, a uma mera questão de convenção ortográfica[85]. Em outras palavras, a grafia da palavra 'assar' como 'açar', por exemplo, não configura uma dificuldade de consciência fonológica no nível grafofonológico. Trata-se, apenas, de uma questão de convenção ortográfica que poderá ser facilmente erradicada com o contato da criança com textos escritos. Por isso, salientamos aqui a importância de os professores reconhecerem a diferença entre erros de escrita e erros ortográficos nas produções de seus alunos. Por sua vez, é importante deixar claro que, ao mesmo tempo em que os referidos erros ortográficos não devem ser superestimados, eles tampouco devem ser ignorados pelo professor. Muito mais do que uma questão de alfabetização *per se*, trata-se, na verdade, de uma questão de práticas de leitura e ortografia, as quais podem ser intensificadas através de uma diversidade de atividades em sala de aula.

Esperamos, com o presente capítulo, ter chamado a atenção para a importância de que a instrução de alfabetização inclua salientar as relações grafofonológicas da língua a partir de uma abordagem lúdica e autêntica, em uma metodologia que não esteja a serviço unicamente dos aspectos puramente formais, mas que tampouco despreze a importância dessa relação[86]. Conforme veremos nos Capítulos 5 e 6, trabalhar a relação grafo-

---

85. A mesma relação pode ser estabelecida para o inglês, em casos nos quais, por exemplo, a palavra '*cent*' (centavo) é grafada como '<s>*ent*' pela criança, ou, por sua vez, em casos em que a palavra '*sip*' (gole) é grafada como '<c>*ip*'. Isso se dá porque o som de [s] pode ser representado por <s> (como em '*sip*' – gole), <ss> (como em '*grass*' – grama), <se> (como em '*house*' – casa), <c> (como em '*cent*' – centavo), <ce> (como em '*voice*' – voz), <st> (como em '*castle*' – castelo), <sc> (como em '*science*' – ciência) e <ps> (como em '*psychic*' – psíquico). Informações retiradas do site www.phonicbooks.com. Acesso em 23 de julho de 2022.

86. Retomemos o primeiro capítulo, em que estabelecemos tais visões pendulares do ensino de alfabetização à questão das metodologias de ensino de L2, de modo a defendermos um ensino harmonioso entre aspectos formais e contextos autênticos de aprendizagem.

fonológica nas duas línguas é, também, fundamental para um contexto bilíngue de alfabetização, de modo que muitos dos aspectos aqui levantados serão retomados quando considerarmos tal contexto. Em outras palavras, independentemente de a alfabetização se dar em uma ou duas línguas, a tarefa do professor de trabalhar as relações grafofonológicas e promover a consciência da criança acerca dos sons é fundamental.

Bases neurobiológicas da alfabetização e da leitura

Nos primeiros três capítulos, tratamos do processo de alfabetização e dos dois primeiros níveis de literacia contidos na proposta de Alves, Finger e Brentano (2021), as Habilidades Sociometalinguísticas e a Literacia Alfabética. Neste capítulo, em um primeiro momento, vamos introduzir as bases neurobiológicas que subjazem o processo de alfabetização e, a seguir, trataremos dos fundamentos do processo de leitura que caracteriza leitores proficientes (em uma ou mais de uma língua). Dessa forma, também abordaremos, aqui sob uma perspectiva neurobiológica, os dois níveis mais altos de literacia apresentados no modelo, a Literacia Textual e a Literacia Social.

Temos percebido mais recentemente uma mudança de paradigma muito importante que tem caracterizado os contextos educacionais no mundo todo, embora essa discussão seja privilégio de espaços educacionais ainda bastante limitados no Brasil. Por muitas décadas, dentro de um modelo de educação tradicional, a preocupação central dos profissionais de ensino foi a busca por enfoques e metodologias que, centrados na figura do professor, se mostrassem eficazes e que pudessem garantir, de alguma forma, o sucesso acadêmico de nossos alunos. Essa preocupação, entretanto, tem lentamente dado lugar a discussões que privilegiam a transferência do foco das práticas pedagógicas anteriormente centradas no professor para o aprendiz, através de práticas normalmente denominadas de 'aprendizagem centrada no aluno'. Esse tipo de pedagogia, que foca no desenvolvimento de habilidades e competências que instrumentalizam o aprendiz para que ele se coloque no centro do processo de aprendizagem, visa qualificar o fazer pedagógico em espaços de aprendizagem que fomentam movimentos transdisciplinares e alinhados às exigências da contemporaneidade no cenário educacional.

Foi justamente com essa preocupação em mente que, em 2004, um grupo de pesquisadores liderados por Kurt Fischer, da *Harvard University Graduate School of Education*, criou a *International Mind, Brain and Education Society*[87], que tem como objetivo central congregar pesquisas que ampliem nossa compreensão sobre como funciona o aprendizado humano, através da exploração das interações entre os processos neurobiológicos e a educação. Esse foi o primeiro movimento institucional de consolidação de uma área de pesquisa conhecida por Neurociências da Educação (*Educational Neuroscience*), Neuroeducação (*Neuroeducação*) ou Ciência para a Educação (*Science of Learning*)[88], que congrega estudos de caráter interdisciplinar que têm como foco central traduzir evidências, advindas de investigação científica, sobre os mecanismos neurais de aprendizagem em práticas e políticas educacionais centradas no aluno que sejam alinhadas às exigências educacionais do mundo atual. Em outras palavras, o propósito central das Neurociências da Educação é a realização de pesquisa básica e aplicada que possa subsidiar perspectivas transdisciplinares de ensino e aprendizagem que informem os contextos educacionais de forma a torná-los não somente mais eficazes, mas acima

---

87. https://imbes.org/.
88. No Brasil, a Rede Nacional de Ciência para a Educação – Rede CpE – é o espaço que congrega pesquisadores de diferentes áreas do conhecimento que realizam "pesquisas científicas que possam promover melhores práticas e políticas educacionais baseadas em evidências." http://cienciaparaeducacao.org/.

de tudo mais condizentes e apropriados às necessidades e características das crianças do século XXI[89]. Nesse sentido, os principais achados das Neurociências da Educação sobre os mecanismos neurais que subjazem o aprendizado da leitura são a base conceitual e teórica das ideias apresentadas no presente capítulo.

Conforme vimos anteriormente, a área da alfabetização, mais especificamente, tem sido há décadas permeada por um intenso debate de caráter, acima de tudo, ideológico sobre políticas e métodos de ensino. No Brasil, defensores e críticos do Método Global ou do Método Fônico, que se alteram na elaboração de políticas públicas de alfabetização, têm investido na defesa de uma metodologia única e ideal, trazendo à tona um debate acirrado e polarizado sobre qual seria o melhor método de ensino na alfabetização, na busca de uma proposta pedagógica que seria adequada a todas as crianças do país, em todas as circunstâncias e contextos.

Além disso, argumentamos nos capítulos anteriores a favor da adoção de uma metodologia híbrida de instrução de alfabetização, que envolva tanto o foco no desenvolvimento das relações grafofonológicas quanto na exposição da criança a textos autênticos na escola. Referimo-nos a uma metodologia híbrida, porque não podemos ingenuamente acreditar que possa existir um método de alfabetização que se mostre infalível para todas as crianças, sem levar em consideração a diversidade das experiências de vida e de contextos nos quais as crianças estão inseridas. Uma visão ingênua como essa caracterizaria uma concepção pedagógica que parte da premissa de que o "professor ensinar" equivale ao "aluno aprender", concebendo que o sucesso acadêmico dos aprendizes possa ser garantido a partir da adoção de determinadas intervenções pedagógicas específicas. Soares (2016) é uma das principais pesquisadoras da área que questiona essa premissa em relação justamente à alfabetização, ao argumentar que "quem alfabetiza

---

89. Além de pesquisas sobre como o cérebro aprende, é importante ampliarmos o número de trabalhos que investiguem também metodologias de ensino que sejam condizentes com o cérebro (Goswami, 2004).

não são os métodos, mas o alfabetizador" (p. 52). Dentro da Neurociências da Educação, neste capítulo, mais especificamente, apresentaremos os principais achados de estudos da Neurociência[90] da Leitura – ou Ciência da Leitura – para defender a importância de o alfabetizador basear suas escolhas e práticas metodológicas em evidência científica, ou seja, em pesquisas que possam expandir nossa compreensão sobre a atuação dos mecanismos neurais mais fundamentais ao processo da leitura, independentemente de esse processo envolver uma ou mais línguas.

4.1. APRENDER A LER NÃO É UM PROCESSO NATURAL COMO A FALA

Um dos achados mais importantes advindos dos estudos de Neurociências sobre como nosso cérebro processa a leitura e que hoje é considerado consenso é que aprender a ler não é um processo inato e natural como aprender a falar, que se desenvolve espontaneamente, como até há pouco alguns acreditavam ser o caso[91]. Kenneth Goodman (1967, 1968) e Frank Smith (1971, 1973), por exemplo, pesquisadores importantes na área da leitura há algumas décadas, afirmavam, com veemência, em seus trabalhos, que o desenvolvimento das habilidades relacionadas à leitura e escrita se daria de forma natural nas crianças, da mesma forma que a compreensão e produção da fala[92], desde que a criança, motivada pela necessidade de comunicação, estivesse inserida em um contexto significativo, no qual se

---

90. A expressão 'Neurociência' é aqui usada no singular por se referir às bases neurobiológicas da leitura, não à transdisciplinaridade que caracteriza o uso do termo 'Neurociências' quando escrito no plural.
91. Essa constatação vai ao encontro de outra que fizemos no Capítulo 3, no qual discutimos que somente as crianças em processo de alfabetização são capazes de dividir a cadeia de fala em segmentos. Trata-se de um processo que não emerge naturalmente, sendo viabilizado a partir da instrução alfabética.
92. A premissa de que a aquisição da fala é inata e se desenvolverá de forma natural, desde que seja garantido um input rico à criança têm origem na literatura a partir da teoria gerativa de Chomsky (1981, e trabalhos subsequentes).

sentisse livre para criar e testar hipóteses de leitura. A ideia da leitura como um jogo de adivinhação (*reading as a psycholinguistic guessing game* – Goodman, 1976) foi baseada na premissa de que a principal diferença entre a fala e a escrita residiria apenas no tipo de sinal linguístico envolvido, pois o processamento da linguagem oral se dá a partir de sinais sonoros, ao passo que o processamento da língua escrita decorre do processamento de sinais visuais. Essa visão deu origem à pedagogia denominada *whole language*, conhecida no Brasil por "método global", muito presente nas escolas americanas nas décadas de 1970 e 1980 e que ainda prevalece na maioria das escolas brasileiras[93], uma pedagogia que, em sua versão mais radical, se opõe a qualquer instância de ensino sistemático e explícito dos princípios alfabéticos da escrita[94].

Hoje, o que se sabe é que, de fato, a leitura se desenvolve a partir da linguagem oral, mas é uma forma muito particular de uso da linguagem, que possui características que lhe são específicas. Conforme o que vimos acerca do processo *bottom-up* descrito no Capítulo 3, a aprendizagem da leitura consiste no reconhecimento de que símbolos escritos (letras, no caso de línguas alfabéticas como português, inglês e alemão), correspondem aos sons da fala e quando agrupados, esses formam unidades maiores que, por sua vez, quando agrupadas, formam palavras. Enquanto a fala se desenvolve naturalmente, em todas as crianças saudáveis, sem qualquer tipo de instrução planejada e mais ou menos durante a mesma janela de tempo de vida

---

93. Com relação à discussão sobre métodos de alfabetização no Brasil, não usaremos a expressão 'construtivismo' para nos referir ao método global, embora muitos o façam. Concordamos com Soares (2017), que defende ser "'discutível' a denominação construtivismo na área da alfabetização, e do ensino em geral, porque o termo refere-se, mais amplamente, a uma teoria da gênese e do desenvolvimento do conhecimento, ou, mais restritamente, a uma teoria da aprendizagem. Usá-lo para referir-se a uma concepção do processo de alfabetização, como ocorre entre nós, tem conduzido a equívocos como o de supor que construtivismo é uma teoria da alfabetização ou, mais grave ainda, que é um método de alfabetização" (p. 20).

94. Para detalhes da disputa entre os métodos de alfabetização nos Estados Unidos, ver o documento elaborado pela Academia Brasileira de Ciências (2011).

da criança, a leitura e a escrita são artefatos culturais e envolvem processos cognitivos e linguísticos que não se desenvolvem de forma espontânea a partir do simples contato da criança com o mundo da escrita. Soares (2020) menciona que se trata de uma tecnologia resultante de necessidades socioculturais e econômicas do ser humano. São processos que requerem, portanto, instrução específica para que sejam desenvolvidos com competência e fluência (Soares, 2004, 2016, 2020; Dehaene, 2012, 2015; Scliar-Cabral, 2013; Gabriel, 2017; França *et al.*, 2018), o que significa dizer que estar imerso em um ambiente letrado não proporcionará que a criança desenvolva suas habilidades de compreensão leitora e de escrita automaticamente. Mas, afinal, como nosso cérebro processa a aprendizagem da leitura? Quais são as áreas que subjazem o desenvolvimento dessa habilidade tão determinante para o sucesso de nossas vidas? A próxima seção tem como objetivo responder a esta pergunta.

4.2. COMO NOSSO CÉREBRO PROCESSA A APRENDIZAGEM DA LEITURA?

No livro "Os neurônios da leitura", Dehaene (2012) afirma que a escrita surgiu com os babilônios há aproximadamente 5.400 anos, enquanto o alfabeto propriamente dito não tem mais de 4.000 anos. Já com relação à linguagem verbal, por outro lado, embora a espécie humana tenha aproximadamente 300.000 anos de existência, há indícios de que a fala tenha surgido há apenas 50 mil anos. É com base nessas informações que o autor defende a tese de que nosso cérebro foi programado para processar a língua oral, mas não a língua escrita, que demanda de nosso cérebro o processamento de informações visuais. Dehaene (2012) enfatiza que o cérebro humano inicialmente não possuía bases neurofisiológicas que pudessem dar conta da leitura; no entanto, nosso aparato cognitivo se tornou capaz de se reciclar para processar a modalidade escrita da língua, um processo que acontece quando os indivíduos aprendem a ler. O pesquisador defende que os circuitos cerebrais que foram originalmente programados para perceber rostos, animais e objetos da natureza, e que eram empregados pelos nossos antecessores pré-históricos para garantir a sobrevivência através das atividades de observação do meio, coleta e caça, são capazes de se adaptar e serem empregados para processar uma função distinta: o processamento da modalidade escrita da língua.

Vários outros pesquisadores antes de Dehaene (2012) já ressaltaram a diferença entre aprender a ler e aprender a falar. Pinker (1994), por exemplo, afirma que, em termos de evolução, nossa espécie não está preparada para aprender a ler, da mesma forma que estamos preparados para compreender e produzir linguagem oral. Além do mais, a leitura acontece alguns anos mais tarde na vida da criança, em relação à aprendizagem da fala. Nesse sentido, aprender a ler pode ser considerado "um ato não natural" (Gough e Hillinger, 1980), em comparação ao desenvolvimento da fala, que é estimulado e otimizado pelo ambiente. Por outro lado, aprender a ler, como vimos nos capítulos anteriores, exige da criança o desenvolvimento de habilidades metalinguísticas, tais como a consciência fonológica, que não são necessárias para a aquisição da linguagem oral[95].

Ao processo de adaptação da circuitaria cerebral para processar o reconhecimento de letras que é acionado durante o aprendizado da leitura, Dehaene e Cohen (2007) dão o nome de "reciclagem neuronal". É importante ressaltar que a reciclagem neuronal somente é possível devido a uma propriedade que nosso cérebro possui de se modificar, aperfeiçoando seu funcionamento, a partir das experiências que vivemos, uma capacidade

---

95. Em seu Modelo de Literacia Familiar (*Home Literacy Model*), Sénéchal (2015) defende que as atividades informais de literacia, como o que ocorre no ambiente familiar, como quando os pais leem livros de história para a criança, por exemplo, contribuem para o desenvolvimento de habilidades relacionadas à linguagem oral, ao passo que atividades de literacia mais sistemáticas que ocorrem na escola promovem a aquisição de habilidades metalinguísticas, como a consciência fonológica, e dão suporte às tentativas iniciais de leitura e escrita por parte da criança.

chamada de plasticidade cerebral[96] (Dehaene, 2012). É justamente devido ao fato de nosso cérebro ser plástico, ou seja, moldável a partir das experiências que vivemos, que é comum ouvirmos falar que a aprendizagem da leitura e escrita é uma experiência tão impactante em nossas vidas que transforma nosso cérebro. Em outras palavras, a reciclagem neuronal garantida pela capacidade do cérebro de se modificar a partir da experiência torna os neurônios inicialmente envolvidos no reconhecimento de rostos e objetos aptos a aprender símbolos novos relacionados à escrita, símbolos esses que são distintos em diferentes culturas (alfabeto romano e árabe, caracteres em línguas asiáticas...). Nessa perspectiva, a dificuldade da aprendizagem da leitura reflete a quantidade de reciclagem neuronal necessária ao cérebro humano para que ele tenha condições de dar conta da tarefa. Portanto, como a leitura não está programada no cérebro, os caminhos neurais envolvidos nela devem ser desenvolvidos e treinados por meio de experiências instrucionais planejadas, que possam promover a consolidação da alfabetização[97].

A hipótese de reciclagem neuronal surgiu a partir da constatação de que existe uma área específica no cérebro das crianças, denominada por Dehaene e Cohen (2007) como Área da Forma Visual das Palavras (*Visual Word Form Area*, ou *VWFA*) ou simplesmente Caixa das Letras (*Brain's Letterbox*), que se modifica de forma fundamental quando a criança começa o processo de alfabetização. Essa circuitaria não existe antes de a criança aprender a ler, mas, depois de adquirida, se consolida e dura toda a vida. Segundo os estudos da Ciência da Leitura, essa reorganização das redes cerebrais resultantes da aprendizagem da leitura (*rewiring the brain*) causa uma mudança dramática no cérebro da criança.

---

96. Para mais informações sobre de que forma a plasticidade cerebral influencia a aprendizagem, ver Tovar-Moll e Lent (2017) e Cantor *et al.* (2018, p.5), que afirmam que "o desenvolvimento do cérebro é um processo que depende de experiência".
97. Ver Soares (2004, 2016, 2020), Dehaene (2012, 2015), Scliar-Cabral (2013), Gabriel (2017) e França *et al.* (2018).

Vários são os estudos de neuroimagem que investigam o envolvimento dessa região, a VWFA, no processamento da leitura, através da investigação de como crianças e adultos reagem a estímulos visuais envolvendo imagens, letras e palavras. Em tarefas nas quais os participantes são solicitados a ler palavras ou pseudopalavras, por exemplo, essa região específica do cérebro (córtex occipital-temporal ventral esquerdo) fica mais ativada quando o indivíduo visualiza um certo *script* do que diante de faces, objetos ou lugares, mas apenas em pessoas que aprenderam a ler nesse *script*, ou seja, existe ausência dessa ativação nos que não sabem ler (Dehaene *et al.*, 2010). Além disso, a evidência claramente demonstra que essa mesma área é ativada para a detecção de rostos e objetos em adultos analfabetos e, no caso dos ex-analfabetos (indivíduos que aprendem a ler na vida adulta), o envolvimento dessa área como resposta a rostos e objetivos diminui na proporção em que esses indivíduos aumentam sua competência em leitura, e que quanto maior a velocidade de leitura do participante, maior é o grau de ativação da VWFA. Tais evidências comprovam que se trata, de fato, de uma área do cérebro humano envolvida prioritariamente com o processamento da leitura.

É importante, entretanto, enfatizar que a leitura é uma atividade complexa, que requisita várias outras regiões do nosso cérebro além da Caixa de Letras, pois, além da linguagem, envolve várias funções cognitivas de alta ordem (verbais e não verbais), dentre elas a atenção, a memória de trabalho, a memória de longo prazo, a inibição, o uso de estratégias de resolução de problemas e de planejamento, o processamento motor e visual, dentre outros[98]. O trabalho do cérebro inicia com o reconhecimento visual das letras na VWFA, passando pelo processamento fonológico para, a seguir, envolver um processamento cognitivo de mais alto nível, que subjaz a compreensão do que foi lido, e possibilitar uma leitura crítica e interpretativa, sendo que todas essas regiões trabalham de forma sincronizada.

---

98. Esses construtos serão definidos em seguida, ainda neste capítulo.

Além disso, o aprendizado da leitura e da escrita é responsável por construir no cérebro da criança um caminho no qual as áreas de processamento de informações sonoras se conectam com as de processamento de dados visuais e é por essa razão que, ao lermos uma palavra escrita, ativamos as mesmas áreas no cérebro que entram em ação quando ouvimos uma palavra (Dehaene, 2012; Martin *et al.*, 2015).

Outra evidência obtida em décadas de pesquisa sobre o processamento da leitura diz respeito a uma propriedade específica dos neurônios situados na Caixa de Letras, que é a de identificar diferentes representações gráficas das letras, independentemente do contexto em que elas aparecem. Essa propriedade, denominada invariância perceptual, ou invariância visual, no caso da leitura, é consequência do fato de que nosso cérebro é capaz de reconhecer um mesmo objeto em diferentes contextos, sob diferentes ângulos ou condições de iluminação. Somos, por exemplo, capazes de reconhecer objetos e rostos a partir de qualquer perspectiva, independentemente de sua orientação visual em relação a nossos olhos.

Essa capacidade nos é extremamente útil e por milênios tem garantido nossa sobrevivência, ao nos ajudar, por exemplo, a identificar ameaças ao nosso redor, uma vez que, na natureza, muitos objetos devem ser percebidos como sendo os mesmos. Afinal, um tigre é sempre um tigre, mesmo que ele esteja deitado, dormindo, ou escondido atrás de uma árvore, dificultando que tenhamos uma visão completa dele. É justamente a propriedade de invariância perceptual que nos torna capazes de olhar uma ameaça a partir de qualquer ângulo, e ao mesmo tempo de sermos capazes de identificar o ser ou objeto como a mesma coisa.

O reconhecimento das palavras na leitura é evidentemente uma tarefa bastante complexa realizada pelo nosso cérebro, uma vez que dezenas de imagens diferentes podem corresponder à mesma palavra. Tomamos, como exemplo, a palavra 'alfabetização'. Como mostra a Figura 2, independentemente do tipo e do tamanho da fonte, o cérebro de um indivíduo alfabetizado é capaz de reconhecer, através da invariância perceptual, de que se trata da mesma palavra.

```
ALFABETIZAÇÃO
alfabetização
aLfAbETiZAçÃo
Alfabetização
𝒜lfabetização
```

Figura 2 – Variadas formas de apresentar a palavra 'alfabetização'

Por sua vez, ao se deparar com a leitura, entretanto, o cérebro é forçado a se modificar para ser capaz de reconhecer que alguns detalhes no formato das letras passam a ser pertinentes para a distinção entre elas, ao passo que outros não. Por exemplo, embora a letra **A** sempre seja a mesma letra, independentemente de ser representada na modalidade escrita como **A**, **a**, **A**, ou **a**. Entretanto, o mesmo não acontece com as letras **p** e **q**, ou **b** e **d**, nas quais a direção do traçado gráfico distingue duas letras. Esse outro processo fundamental para o desenvolvimento da leitura que é viabilizado pela Caixa de Letras é denominado de 'quebra da simetria para a escrita', uma habilidade que torna os leitores capazes de perceber que **b** e **d** não são duas visões do mesmo objeto e que o direcionamento da grafia pode ser suficiente para diferenciar duas letras. De acordo com Dehaene (2012, p. 333), "o fato de que uma criança típica leva vários meses para desaprender generalizações de imagem-espelho (*mirror-image generalization*) traz fortes evidências para a hipótese da reciclagem neural".

Quando a criança recebe instrução sobre as relações entre letras e sons durante o processo de alfabetização, seu cérebro mais facilmente torna-se capaz de converter as letras em sons, sílabas e itens lexicais nesse sistema encarregado de processar a informação visual e associá-la à identificação de palavras faladas. Nesse processo, inicialmente de forma mais lenta, ela passa a fazer uso de estratégias de decodificação para, em algum momento, tornar-se um leitor fluente ao atingir o nível de processamento automático das palavras grafadas, como discutido nos capítulos anteriores. O que as pesquisas na Ciência da Leitura nos mostram é que as crianças precisam de muitas oportunidades de prática planejada e sistemática a fim de tornar a decodificação um processo automático, inconsciente e sem esforço nessa trajetória, até que sejam capazes de se tornarem leitores fluentes, que compreendam um texto e possam estabelecer inferências e associações com as informações já armazenadas na memória de longo prazo[99], integrando as informações que leem com o que já conhecem sobre o mundo.

Essa prática sistemática, conforme vimos nos capítulos anteriores, é intensificada a partir da reflexão e manipulação dos sons e das relações grafema-fonema. Em suma, a aprendizagem da leitura requer o desenvolvimento de um sistema altamente organizado no cérebro capaz de integrar aspectos ortográficos, fonológicos e léxico-semânticos das palavras escritas, e a adaptação dos circuitos cerebrais necessária para o desenvolvimento das habilidades de leitura e escrita exige não somente exposição à modalidade escrita da língua, mas uma intervenção externa planejada e sistemática. Além disso, é importante lembrarmos que ler é uma operação cognitiva complexa, por isso são necessários anos de prática para que o indivíduo desenvolva habilidades de leitura bem-sucedidas, precisas e automáticas. Dessa forma, o indivíduo pode atingir níveis plenos de literacia, de modo a contemplar os quatro níveis previstos no modelo de Alves, Finger e Brentano (2021). Devido à demanda mental envolvida na tarefa no início do processo, quando se encontra em fase de alfabetização, a criança precisa prestar atenção à relação entre os símbolos gráficos e seus sons correspondentes, para que possa aprender gradualmente a reconhecer

---

99. A memória de longo prazo é ativada quando as crianças memorizam palavras em seu repertório a fim de se tornarem fluentes na leitura automática de palavras, bem como quando elas memorizam os sons das letras e as possíveis combinações de ortografia. Além disso, dificuldades de leitura têm sido associadas com déficits de memória de longo prazo (ver Ullman *et al.* (2020), e Sengottuvel *et al.* (2020) para uma revisão desses estudos).

os sons que são associados com cada letra e ir adicionando, aos poucos, a seu repertório, a lista de palavras de sua língua. Nesse sentido, a atenção e as funções executivas[100], principalmente, a memória de trabalho[101], além da memória de longo prazo, são construtos cognitivos diretamente envolvidos no processamento de leitura.

4.3. REGIÕES CEREBRAIS ENVOLVIDAS NA LEITURA

Existe um certo consenso na literatura sobre alguns circuitos primários que são ativados na leitura (Dehaene *et al.*, 2010; Dehaene, 2012; Martin *et al.*, 2015; Buchweitz, 2016; Seidenberg, 2018). Normalmente, tais circuitos são descritos não somente a partir das principais áreas do cérebro que estão envolvidas, mas também considerando a função exercida por essas áreas e de que forma estão interconectadas. Tais descobertas foram possíveis a partir de estudos que fazem uso de técnicas de imagem cerebral não invasivas, principalmente de ressonância magnética por imagem funcional

---

100. Funções executivas são os processos mentais de nível superior que nos capacitam a planejar e executar nossas ações, prestar atenção, inibir nossos instintos e desejos e nos tornam capazes de realizar tarefas (Diamond, 2013). Dificuldades de leitura têm sido há tempos associadas a déficits de funções executivas (Brosnan *et al.*, 2002). Para pesquisas recentes sobre de que forma as funções executivas estão envolvidas na leitura, ver Cartwright (2009, 2012, 2015, 2017), De Franchis *et al.* (2017), Kim (2017, 2020a, 2020b, 2020c); Butterfuss e Kendeou (2018) e Nouwens *et al.* (2021).

101. Vários pesquisadores têm defendido que a memória de trabalho é um componente importante para o desenvolvimento da leitura fluente. Dehaene (2020), por exemplo, chama a atenção para o fato de que, se os recursos atencionais e a memória de trabalho são insuficientes, o processo de leitura se torna mais lento e a compreensão do texto é afetada. Em outras palavras, quando a criança necessita colocar toda sua energia na decodificação das palavras, deixa de alocar os recursos necessários para a compreensão do texto, o que afeta a sua fluência leitora. Tem sido demonstrado, ainda, que a memória de trabalho fonológica, em particular, é essencial para a decodificação e, quando não está bem desenvolvida, está associada a dificuldades de leitura (Montgomery *et al.*, 2019). Por razões de escopo, entretanto, o envolvimento desses construtos cognitivos no processamento da leitura não será abordado em mais detalhes no presente capítulo. Para mais informações sobre o papel da memória de trabalho na leitura, sugere-se ler Engel de Abreu *et al.* (2014), Kolinsky (2015), Demoulin e Kolinsky (2016), Gabriel, Morais e Kolinsky (2016), Morais (2019), Kolinsky *et al.* (2020) e Kolinsky (2021).

(fMRI, functional Magnetic Resonance Imaging, em inglês), uma técnica que permite visualizar o que acontece no cérebro, em termos de circuitos e mecanismos neurais específicos, no exato momento em que o indivíduo está vendo uma imagem, lendo palavras ou um texto. Estudos com fMRI com bons leitores adultos têm demonstrado que existem algumas regiões que estão mais ativas do que outras durante a leitura (Price, 2012). Além disso, estudos com fMRI em crianças trazem evidências claras de como circuitos envolvidos na linguagem se desenvolvem, bem como o que acontece quando a criança apresenta alguma dificuldade de leitura, como a dislexia (Seidenberg, 2018). É importante lembrar, entretanto, que embora os circuitos principais tenham sido, em larga medida, identificados, ainda há muito a descobrir sobre como nosso cérebro processa a leitura.

Três são as principais regiões cerebrais envolvidas com a decodificação ou com a leitura automática das palavras: (a) a região occipital-temporal esquerda (localizada na parte posterior), (b) a região parietal-temporal esquerda (também localizada na parte posterior) e a região frontal (na parte anterior), como mostra a Figura 3.

A região occipital-temporal (ou occipitotemporal), localizada na junção dos lobos temporal e occipital, na parte posterior do cérebro, conforme mostra a Figura 3, engloba a VWFA, e é responsável por processar informações visuais conhecidas, dentre elas as letras e palavras. Como vimos, essa é a região que sofre um processo de adaptação – a chamada reciclagem neural – quando o indivíduo inicia o processo de alfabetização[102]. A região occipital-temporal é o caminho inicialmente acessado para que o leitor seja capaz de, ao identificar a forma da palavra, acessar seu significado e possibilitar a compreensão. Essa região é, portanto, considerada fundamental para a realização da leitura automática e fluente.

---

102. Alguns estudos de neuroimagem que comprovam o envolvimento dessa região no processamento das letras são: Shaywitz *et al.* (2004), Dehaene *et al.* (2010), Dehaene (2012), Pegado *et al.* (2014), Rueckl *et al.* (2015).

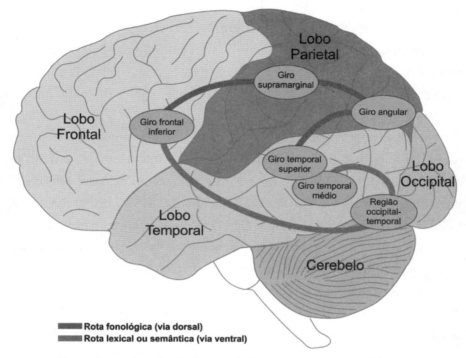

Figura 3 – Regiões do cérebro envolvidas no processamento da leitura
Adaptado de Kearns (2019).

Também localizada na parte posterior esquerda do cérebro, os circuitos da região parietal-temporal (ou temporoparietal) são considerados o centro de decodificação do cérebro para a leitura, responsável pela associação entre letra e som[103]. Como vemos na Figura 3, aqui se encontram o giro supramarginal, o giro angular, o giro temporal superior e o giro temporal médio, que dão conta do processamento na rota fonológica, que será detalhada na próxima seção.

---

103. Para estudos de neuroimagem que comprovam o envolvimento dessa região no processamento da leitura, ver Dehaene *et al.* (2010), Maurer *et al.* (2011), Kovelman *et al.* (2012).

Por sua vez, a região frontal do cérebro (giro frontal inferior[104]) possui várias funções relacionadas à linguagem. Na leitura, essa região é responsável por armazenar informações sobre os sons contidos nas palavras, conectando essas informações a outras representações dessas palavras que estão armazenadas na memória de longo prazo e nas regiões motoras, mesmo quando o indivíduo está realizando leitura silenciosa.

Por fim, é importante ressaltar que as três regiões mencionadas acima (occipital-temporal, parietal-temporal e frontal) interagem entre si e com outras partes do cérebro para conectar as palavras impressas a sons e significados. Além disso, como lembra Seidenberg (2018), a ortografia não se localiza na VWFA, assim como o significado das palavras não se localiza em uma região específica do cérebro; cada uma das áreas ativadas no uso da linguagem funciona como uma espécie de eixo integrador, ou *hub* central, sendo responsáveis, acima de tudo, pelo estabelecimento das conexões entre as diversas regiões do cérebro que processam informações linguísticas de forma distribuída.

4.4. AS DUAS ROTAS DA LEITURA

Outra contribuição importante dos estudos da Ciência da Leitura é a constatação de que nosso cérebro processa a leitura a partir de dois caminhos, ou níveis de processamento, que envolvem dois circuitos neurais distintos (Coltheart, 2000; 2005; Dehaene, 2012, Buchweitz, 2016; Das *et al.*, 2011, dentre vários outros). Coltheart (2005, p. 6) lembra que Saussure (1922, traduzido em 1983, p. 34) foi o primeiro autor a mencionar dois caminhos diferentes de leitura:

> Há também a questão da leitura. Nós lemos de duas formas; a palavra nova ou desconhecida é escaneada letra após letra, mas uma palavra familiar ou comum

---

104. O giro frontal inferior se sobrepõe, em parte, à área de Broca, envolvida na produção da linguagem (Foundas *et al.*, 2014).

é tomada de relance (*taken in at a glance*), sem nos importarmos com as letras individuais: sua forma visual funciona como um ideograma.

Mais recentemente, estudos de neuroimagem[105] nos quais os indivíduos são solicitados a lerem palavras e pseudopalavras enquanto os pesquisadores analisam, em tempo real, imagens de seus cérebros que demonstram quais áreas estão sendo ativadas para cada palavra, têm sido capazes de demonstrar que, de fato, a leitura se processa em dois níveis distintos, fonológico e lexical. Em outras palavras, nosso cérebro possui dois circuitos neurais distintos para dar conta do processamento da leitura, sendo que esses sistemas atuam de forma integrada e paralela, independentemente de quais sejam a língua empregada e a cultura da qual as pessoas fazem parte. Esses circuitos são conhecidos na literatura como Rota Fonológica (ou Via Dorsal, em função da localização das áreas do cérebro envolvidas) e Rota Lexical ou Semântica (ou Via Ventral). É importante ressaltar, entretanto, que não somente ambas as rotas se desenvolvem paralelamente, como também são empregadas simultaneamente pelos indivíduos na leitura durante toda a vida, após o estágio inicial de reconhecimento da palavra escrita (que, como vimos, envolve a região occipito-temporal ventral esquerda).

A Rota Fonológica está relacionada ao aprendizado das associações entre o estímulo visual (grafemas) e os sons relacionados a elas (forma fonológica das palavras), sendo responsável por converter grupos de letras em palavras faladas. Ou seja, esse é o circuito que dá conta do aprendizado das regularidades da língua para associar o código escrito a sons específicos como, por exemplo, a regularidade referente ao fato de que, tanto em português quanto em inglês, a letra <b> representa o som de [b]. Por essa razão, a rota fonológica é empregada para a leitura de palavras desconhecidas ou menos frequentes na língua (Dehaene, 2012).

A Rota Lexical ou Semântica se desenvolve no indivíduo como resultado de sua prática de leitura. Essa é a rota que dá conta das palavras mais

---

105. Por exemplo, Buchweitz (2016), Hervais-Adelman *et al.* (2019).

frequentes, inclusive quando a ortografia não corresponde diretamente à pronúncia e as palavras revelam irregularidades da língua como, por exemplo, quando existe mais de um som possível para a mesma letra. Uma forma de ilustrar esse fenômeno é a através da sequência <ut:> em inglês, que geralmente é usada para representar a vogal [ʌ] seguida de [t], em *but*, *cut*, *nut*, *hut* e *shut*, mas na palavra *put* é produzida com a vogal [ʊ]. Ou seja, para que o aluno não produza a vogal na palavra *put* como nas palavras anteriores, é necessário que ele seja exposto a muitos exemplos (e, até mesmo, explicitação dessa diferença), para que ele não siga automaticamente a regularidade da língua. Coltheart (2013) enfatiza que o circuito neural que subjaz a Rota Lexical ou Semântica se desenvolve a partir da fluência de leitura e é justamente esse acesso ao léxico mental, através de um processo *top-down*, conforme visto no Capítulo 3, que permite ao indivíduo acessar as palavras e seus significados de forma automática, mais rapidamente do que se ele dependesse somente do processo de decodificação.

Baron (1977) emprega uma analogia para reforçar a ideia de que as duas rotas agem de forma complementar na leitura. Segundo o autor, podemos imaginar as duas rotas como mangueiras que são usadas para encher um balde com informações sobre significado; fica claro que o ato de usarmos uma segunda mangueira irá acelerar o objetivo de encher o balde, mesmo que essa mangueira transporte água em menor velocidade.

Esses dois sistemas diferentes revelam uma forma notável de plasticidade do cérebro humano que ocorre nos primeiros anos do aprendizado da leitura, com a alfabetização, que é o momento em que as crianças aprendem a conectar essas redes neurais e formar um circuito integrado que se tornará, à medida que a criança se tornar um leitor fluente, capaz de reconhecer automaticamente palavras visuais. É importante enfatizar, entretanto, que ambas as rotas são empregadas durante o resto da vida, dependendo do que estamos lendo.

Finalmente, quando a criança recebe o tipo de instrução sobre a relação entre letras e sons durante o processo de alfabetização, seu cérebro mais facilmente torna-se capaz de converter as letras em sons e unidades sonoras maiores, fazendo uso de estratégias de decodificação. Esse processo se dá inicialmente de forma mais lenta e, em seguida, a criança passa a fazer uso de forma mais consistente e regular das estratégias desenvolvidas na rota lexical através da prática de leitura. Dessa forma, torna-se um leitor fluente, capaz de fazer reconhecimento automático das palavras com eficácia e desenvoltura, como discutido nos capítulos anteriores.

4.5. CONSIDERAÇÕES FINAIS

Neste capítulo, defendemos que uma das formas importantes para se combater os baixos níveis de literacia no Brasil passa por não somente compreendermos melhor como funciona o cérebro da criança quando ela está aprendendo a ler, uma contribuição trazida dos estudos da Ciência da Leitura, mas acima de tudo encontrarmos formas de aplicar esse conhecimento no desenvolvimento de propostas pedagógicas específicas.

Os achados das Neurociências trazem informações que podem vir a subsidiar o desenho de instrução específica e a construção de materiais didáticos baseados em evidência, ao revelarem os mecanismos neurais que subjazem a leitura, demonstrando como o cérebro funciona e se modifica durante o desenvolvimento dessas habilidades específicas. Esperamos, assim, que as informações apresentadas neste capítulo possam inspirar o leitor a construir uma nova compreensão de que as formas como os professores organizam suas aulas e auxiliam seus alunos no desenvolvimento das habilidades de leitura, na verdade, moldam o cérebro dos seus alunos de maneiras muito específicas. Essa prática do professor contribui para reforçar os circuitos neurais que são cruciais e que determinam a aprendizagem futura de seus estudantes, de modo a garantir o desenvolvimento pleno sobretudo dos dois níveis mais altos de literacia (Literacia Textual e Literacia Social) previstos no modelo de Alves, Finger e Brentano (2021).

Através do conhecimento que possuímos sobre como se dá a leitura no cérebro, podemos apoiar mais crianças para que se tornem leitores habilidosos e confiantes. Além disso, é através de oportunidades de prática intensa que nos tornamos proficientes em alguma habilidade. Não é diferente com a leitura e a evidência demonstra exatamente isso, ou seja, que a prática consolida qualquer habilidade.

Embora professores, pais e governantes reconheçam a literacia como uma habilidade essencial que todas as crianças deveriam ser capazes de desenvolver com plenitude na escola, as políticas e práticas pedagógicas atuais frequentemente ainda falham em incorporar as estratégias mais eficazes para o aprendizado da leitura e da escrita. O resultado disso são os baixíssimos níveis de literacia que ainda testemunhamos no Brasil e em vários países no mundo onde a educação não é valorizada.

Talvez uma maior valorização do papel do professor possa resultar justamente do aumento da nossa compreensão da capacidade que o educador possui, através de sua prática pedagógica, de moldar de forma permanente o cérebro e a mente de seus alunos. Em alguma medida, os professores podem ser considerados como uma espécie de 'engenheiros de aprendizagem', que ajudam as crianças a formarem e desenvolverem novas habilidades dentro do cérebro que irão durar a vida toda. Esse importante papel merece o devido reconhecimento pelos pais e, sobretudo, pelas autoridades que definem as políticas educacionais em nosso país.

5

E quando a alfabetização acontece em duas línguas?

Nos três primeiros capítulos, discutimos o processo de alfabetização e de formação de leitores proficientes a partir dos quatro níveis de literacia propostos no modelo de Alves, Finger e Brentano (2021), sendo que tal discussão foi amparada pelos estudos da Ciência da Leitura abordados no Capítulo 4. Tomando como base essas discussões, no presente capítulo, caracterizamos o processo de alfabetização quando a criança possui duas línguas em seu repertório.

Como vimos, a alfabetização envolve o desenvolvimento, por parte da criança, da capacidade de 'decodificar' as letras em unidades sonoras e combiná-las em unidades maiores, como sílabas e itens lexicais. Consideramos que uma pessoa é alfabetizada quando ela se mostra capaz de estabelecer, de forma autônoma, a relação entre os símbolos gráficos que correspondem às letras do alfabeto e os elementos sonoros distintivos de sua língua. Sempre que esse processo envolve mais de uma língua, portanto, é denominado de **alfabetização bilíngue** ou **alfabetização em duas línguas**, visto por nós como termos sinônimos.

Nesta obra, concebemos 'literacia' como o conjunto de saberes que subjazem a reflexão e a manipulação de elementos da estrutura de textos escritos, as quais tornam o indivíduo capaz de desempenhar com plenitude funções comunicativas em distintos contextos sociais. Com base nessa definição, o **Modelo dos Quatro Níveis de Literacia** prevê a existência de diferentes níveis que abrangem tanto os aspectos formais como sociais que emergem do uso da língua escrita, concebendo-os como interdependentes.

Com base na reflexão realizada nos primeiros três capítulos sobre as habilidades metafonológicas (níveis silábico, intrassilábico e grafofonológico), bem como sobre as bases neurobiológicas que subjazem o desenvolvimento da literacia em língua materna (Capítulo 4), propomos aqui ampliar o escopo do **Modelo dos Quatro Níveis de Literacia** de Alves, Finger e Brentano (2021), a fim de que dê conta do processo de construção do que chamaremos de **literacia bilíngue** ou **biliteracia**[106]. Isso faz sentido, a nosso ver, a partir da constatação feita no Capítulo 4 da existência de uma base neurobiológica e cognitiva que capacita a criança a processar a língua escrita e que, portanto, subjaz o desenvolvimento da alfabetização e da leitura fluente. Conforme concebemos, essa base neurobiológica e cognitiva é compartilhada por ambas as línguas do bilíngue.

Chamamos a atenção do leitor para o fato de que concebemos aqui que as expressões '**alfabetização bilíngue**' e '**literacia bilíngue**' ou '**biliteracia**' se referem a construtos intrinsecamente relacionados, mas distintos. Além disso, defendemos que tanto a literacia quanto a biliteracia estão intrinsecamente relacionadas à consolidação dos princípios alfabéticos pela criança, em pelo menos uma de suas línguas. Nesse sentido, a seguir, discutiremos as circunstâncias em que a alfabetização bilíngue pode vir a ocorrer.

---

106. A fim de manter a coerência da discussão proposta neste livro com o **Modelo dos Quatro Níveis de Literacia** de Alves, Finger e Brentano (2021), optamos por não fazermos uso aqui da expressão '**biletramento**', embora ela seja muito comum no Brasil. Além de partir de uma epistemologia distinta da que adotamos nesta obra, esse termo é empregado para se referir a vários fenômenos, a nosso ver, bastante distintos, que vão desde o que entendemos por Habilidades Sociometalinguísticas, passando por alfabetização (Literacia Alfabética, no modelo), às vezes se referindo também aos níveis de Literacia Textual ou de Literacia Social.

5.1. ALFABETIZAÇÃO BILÍNGUE: EM QUE CIRCUNSTÂNCIAS ELA ACONTECE?

A alfabetização bilíngue ocorre tipicamente em contextos de escolarização bilíngue, quando a criança já possui habilidades orais desenvolvidas na sua língua materna e passa a ser exposta a uma língua adicional em ambiente escolar. Nesses casos, além de adquirir habilidades de leitura e escrita na língua materna, a criança passa a ter oportunidade de desenvolver habilidades orais e escritas também na língua adicional. Em outras palavras, a alfabetização bilíngue ocorre quando o contato da criança com a modalidade escrita da língua envolve todo o seu repertório linguístico, que vai além de sua língua materna.

No Brasil, esse contexto de alfabetização bilíngue encontra-se em crescente expansão, dado o grande número de escolas regulares que nos últimos anos têm adotado programas ou currículos bilíngues nos quais os alunos são expostos a uma língua adicional desde a Educação Infantil ou desde os primeiros anos do Ensino Fundamental. Nesses contextos, a carga horária a ser desenvolvida em língua adicional (10%, 20% ou 30% da carga horária escolar total) bem como a modalidade de exposição da criança a essa língua podem variar muito de escola para escola, considerando-se, por exemplo, se essa exposição ocorre dentro da carga horária regular ou em turno oposto, através de aulas que priorizem o desenvolvimento de proficiência e fluência na língua (em programas bilíngues) ou em atividades de desenvolvimento de habilidades e conteúdos acadêmicos que são trabalhados na língua materna e também na língua adicional através de pedagogias específicas de educação bilíngue (em currículos bilíngues)[107], etc.

---

107. O aumento exponencial do número de escolas que oferecem programas ou currículos bilíngues no Brasil levou o Conselho Nacional de Educação a publicar recentemente as Diretrizes Curriculares Nacionais para a Educação Plurilíngue (Parecer CNE/CEB nº 2/2020, aprovado em 9 de julho de 2020), na tentativa de normatizar a oferta desses programas. O documento delimita claramente a distinção entre Escola Bilíngue, Escola com Carga Horária Estendida em Língua Adicional, Escola Brasileira com Currículo Internacional e Escola

Em contextos de escolarização bilíngue, a proficiência e a fluência que a criança irá desenvolver na língua adicional, tanto em habilidades de recepção como de produção nas modalidades oral e escrita, ocorrerão em larga medida em paralelo com o desenvolvimento das habilidades linguísticas e acadêmicas em sua língua materna. É importante ressaltar, entretanto, que o sucesso desse desenvolvimento na língua adicional vai depender, obviamente, da qualidade e da quantidade da instrução e das interações a que essa criança terá acesso na escola.

Contextos como o descrito acima, em que a criança chega na escola com um repertório já bastante desenvolvido na sua língua materna, que é também a língua majoritária do país, e a partir da exposição à língua adicional na escola desenvolve proficiência e fluência na língua adicional, são denominados de 'programas bilíngues de prestígio' ou 'educação bilíngue de prestígio' ou 'de elite'[108], por envolverem a aprendizagem em contextos formais de uma língua de prestígio – na maioria das vezes, o inglês, mas também por vezes o alemão, o japonês ou o hebraico, por exemplo. Uma característica importante desse tipo de contexto de formação de bilíngues é o fato de que ele resulta de uma escolha feita pelos pais e pela comunidade (por essa razão, 'bilinguismo de escolha'), que concebem a possibilidade de aprendizagem de uma outra língua como um investimento que poderá garantir oportunidades educacionais ou de trabalho no futuro para as crianças, caracterizando um tipo de ascensão social.

Internacional, em relação à carga horária que deverá ser oferecida em cada tipo, além de outros aspectos. Até a data da escrita deste livro, entretanto, as Diretrizes ainda não haviam sido homologadas pelo Ministério da Educação. O documento completo pode ser acessado no site: http://portal.mec.gov.br/docman/setembro-2020-pdf/156861-pceb002-20/file.

108. A expressão "educação bilíngue de prestígio" ou "de elite" foi introduzida por Paulston (1980). A autora usa o termo "bilinguismo de elite" para denominar os indivíduos que se tornam bilíngues ou multilíngues a partir de uma escolha, normalmente como resultado de um processo de instrução formal, em escola regular ou curso livre. Esse contexto de construção de indivíduos bilíngues difere do tipo de bilinguismo que resulta de uma situação na qual os sujeitos aprendem uma língua sem terem tido a opção de escolha, como é o caso de bilinguismo de minorias linguísticas, como imigração ou de crianças surdas ou indígenas.

Em situações de escolarização através de programas ou currículos bilíngues, o desenvolvimento de habilidades relacionadas à leitura e à escrita ocorre nas duas línguas da criança, independentemente de a escola optar por adotar instrução simultânea nas duas línguas no primeiro ano ou por alfabetizar inicialmente na língua materna e somente expor a criança à modalidade escrita na língua adicional em um momento subsequente, após a alfabetização na língua materna estar mais consolidada.

A formação de sujeitos bilíngues que resulta da vivência de experiências na escola em contextos de educação bilíngue de prestígio difere radicalmente do bilinguismo que resulta de uma situação na qual os sujeitos aprendem outras línguas sem real opção de escolha. Essa é a situação de comunidades de imigrantes ou de minorias linguísticas, por exemplo, sendo que na maioria das vezes esses indivíduos se tornam bilíngues sem qualquer tipo de instrução formal em uma de suas línguas, a língua da família ou da comunidade, denominada de 'língua de herança'[109], considerada minoritária no país. Por necessidade de inserção social, as crianças oriundas dessas comunidades de fala acabam sendo expostas a contextos de escola regular nos quais muitas vezes são alfabetizadas apenas na língua que não dominam completamente, mas que é majoritária no país em que residem, como o caso do português no Brasil. Esse não é considerado necessariamente um contexto de educação bilíngue *per se*, embora no caso de crianças indígenas e surdas, particularmente, a legislação vigente garanta o direito da criança à escolarização nas suas duas línguas[110]. Em escolas

---

109. A expressão 'língua de herança' (*heritage language*) é usada para identificar línguas minoritárias que são aprendidas no contexto familiar ou na comunidade (Montrul, 2012). No Brasil, línguas de imigração e línguas indígenas são consideradas línguas de herança.

110. O Artigo 78 da Lei de Diretrizes e Bases da Educação Nacional (Lei nº 9.394/06) garante o acesso das crianças indígenas à educação bilíngue ao determinar que "O Sistema de Ensino da União, com a colaboração das agências federais de fomento à cultura e de assistência aos índios, desenvolverá programas integrantes de ensino e pesquisa, para a oferta de educação bilíngüe intercultural aos povos indígenas, com os objetivos de: proporcionar aos índios, suas comunidade e povos, a recuperação de suas memórias históricas, a reafirmação de suas identidades étnicas; a valorização de suas línguas e ciências; e garantir aos

bilíngues indígenas, por exemplo, as crianças normalmente têm a oportunidade de se alfabetizarem nas suas duas línguas, embora muitas vezes a instrução de alfabetização privilegie apenas uma das línguas da criança, em detrimento do desenvolvimento acadêmico nas suas duas ou mais línguas.

Em função dessa rica realidade de contextos escolares brasileiros nos quais pode vir a ocorrer a alfabetização, fica clara a necessidade da distinção entre **alfabetização bilíngue** – ou alfabetização em duas línguas –, que ocorre quando a instrução na escola privilegia as duas línguas da criança, e **alfabetização de bilíngues**, que ocorre quando a criança se comunica através de uma outra língua, adquirida a partir da interação familiar ou na comunidade antes de seu ingresso na escola e, ao iniciar sua vida acadêmica, recebe instrução apenas na língua dominante no país (ou na língua da escola, no caso de Escolas Internacionais), que se caracterizam como contextos de imersão total na língua da escola.

Em outras palavras, a alfabetização de bilíngues acontece em contextos que não se caracterizam como de educação bilíngue *per se* pois, nesses casos, embora a criança já seja bilíngue ou até mesmo esteja se tornando bilíngue a partir da experiência linguística vivenciada na escola, a instrução relacionada especificamente ao processo de alfabetização levará em consideração apenas uma parte do repertório linguístico da criança, por exemplo o português no Brasil. Além disso, em muitos casos, infelizmente, o fato de as crianças serem usuárias de outra língua antes de ingressarem na escola pode equivocadamente ser visto como um problema, que pode impedir ou atrasar o desenvolvimento da leitura e escrita na língua da escola, uma vez que o processo de alfabetização será permeado pela interfe-

---

índios, suas comunidades e povos o acesso às informações, conhecimentos técnicos e científicos da sociedade nacional e demais sociedades indígenas e não indígenas". (http://www.planalto.gov.br/ccivil_03/leis/l9394.htm). Já a inclusão da Educação Bilíngue de Surdos na Lei Brasileira de Diretrizes e Bases da Educação Nacional (LDB – Lei 9.394, de 1996) como uma modalidade de ensino independente, não mais como parte da educação especial, foi feita através da Lei 14.191, de 2021 (https://www.in.gov.br/en/web/dou/-/lei-n-14.191-de-3-de-agosto-de-2021-336083749).

rência da língua de herança da criança. No Brasil, esse fenômeno é comum nas comunidades usuárias de línguas de imigração, como, por exemplo, as línguas de origem alemã ou italiana que são faladas no sul do país[111]. Nesses casos, observa-se que a influência da língua de herança da criança se manifesta através da presença de elementos de oralidade dessa língua na escrita em português[112].

Outro conceito importante de se destacar aqui é trazido por Ofelia Garcia (2009), que distingue os tipos de educação bilíngue a partir de suas ideologias, separando os contextos que privilegiam uma visão monoglóssica dos que são organizados a partir de uma visão heteroglóssica de bilinguismo. Em contextos monoglóssicos, as línguas são trabalhadas de forma completamente separadas na escola, em aulas ou até mesmo turnos distintos. Quando a proposta pedagógica da escola é construída a partir de uma visão heteroglóssica, embora as atividades desenvolvidas possam privilegiar o desenvolvimento de uma ou de outra língua, reconhece-se que ambas participam na construção do repertório linguístico da criança, que se constitui como um sistema compartilhado entre suas línguas. Como veremos a seguir, existem claras evidências de que há interação entre as duas línguas dos bilíngues, mesmo que os contextos nos quais os indivíduos estão inseridos privilegiem o emprego de apenas uma (Colomé, 2001; Kroll *et al.*, 2008). Além disso, sabe-se que as crianças bilíngues desenvolvem e usam suas línguas de formas diferentes das monolíngues. Por essa razão, defendemos aqui que é essencial que os educadores compreendam essas diferenças e

---

111. Para mais informações sobre as línguas de imigração faladas no Brasil, sugere-se consultar o site do Instituto de Investigação e Desenvolvimento em Política Linguística (IPOL): http://ipol.org.br/sobre-o-ipol/.

112. Ver Rosenbrock, Fritzen e Heinig (2018) para um exemplo de pesquisa que investiga características da oralidade da língua de imigração alemã na escrita de crianças em português. As autoras levantam a necessidade de que se desenhem políticas linguísticas voltadas à preservação das línguas de imigração que, na maior parte das vezes, são mantidas apenas na oralidade. Na mesma linha, Fritzen (2017) traz uma problematização a respeito dos desafios enfrentados por crianças bilíngues nesses contextos instrucionais.

reconheçam que todo o conhecimento linguístico da criança será ativado durante o processo de alfabetização, mesmo que, por razões pedagógicas ou até mesmo políticas, o interesse seja de que a criança seja alfabetizada em apenas uma de suas línguas. A fim de darmos continuidade a essa discussão, na próxima seção trataremos da transferência interlinguística na alfabetização.

5.2. A TRANSFERÊNCIA DE HABILIDADES DE LEITURA E ESCRITA ENTRE AS LÍNGUAS NA ALFABETIZAÇÃO BILÍNGUE

A expressão 'transferência' se refere à generalização de uma aprendizagem vivenciada em um contexto específico para contextos novos, em situações que são potencialmente diferentes da original (Byrnes, 2008). Em outras palavras, a transferência acontece quando a aprendizagem que ocorre em um contexto específico influencia o desempenho do indivíduo em outro contexto, sendo que essa transferência pode ser positiva ou negativa (às vezes, chamada de 'interferência', sobretudo pelos adeptos de uma concepção behaviorista de aquisição). Além disso, se o processo de transferência influencia o comportamento da pessoa em um contexto próximo e relacionado, é chamada de transferência próxima ou direta (*near transfer*). Por outro lado, se envolve comportamentos em contextos distintos, não diretamente relacionados, é denominado de transferência distante ou indireta (*far transfer*)[113] (Perkins e Salomon, 1992).

O conceito de transferência é fundamental na educação, pois um dos objetivos primários da escola é justamente garantir que os apren-

---

113. Como exemplo de transferência próxima ou direta, podemos citar a transferência do padrão sonoro de uma língua para outra, como no caso da produção do som [v] de 'vaso' em português para a palavra 'vase' em inglês. Nesse caso, trata-se de uma transferência positiva. Um exemplo de transferência distante ou indireta seria a melhora do desempenho da criança em medidas de leitura a partir da realização de um treinamento intensivo em jogos de memória de trabalho, uma vez que a capacidade da memória de trabalho é um preditor de sucesso da compreensão leitora.

dizes desenvolvam capacidade de generalizar, aplicando em diferentes circunstâncias, na escola, em casa ou na interação com a sociedade, os conhecimentos, habilidades e competências que adquirem em contextos específicos durante sua trajetória acadêmica (Bransford, Brown e Cocking, 2000).

No que se refere ao desenvolvimento de habilidades linguísticas, o conceito de transferência interlinguística é crucial, pois sabe-se que o conhecimento que os indivíduos possuem de uma língua afeta o desenvolvimento de conhecimentos e habilidades na outra (Gass e Selinker, 1983). Os primeiros estudos sobre transferência interlinguística foram realizados na perspectiva da Análise Contrastiva (Lado, 1957, 1964), que tinha como base a teoria behaviorista de aprendizagem, e ressaltavam a preocupação com as manifestações de "interferência" negativa da L1 na produção oral em L2 em aprendizes adultos iniciantes. Desde a década de 90, entretanto, as pesquisas sobre o fenômeno da transferência interlinguística passaram a incluir outras habilidades, como a leitura e a escrita, além de aspectos relacionados ao conhecimento lexical e morfossintático, tanto em adultos quanto em crianças. Já o reconhecimento de que a transferência interlinguística é bidirecional, ou seja, pode ocorrer tanto da L1 para a L2 quanto da L2 para a L1, é bastante recente.

No desenvolvimento da leitura e escrita, Cummins (1979, 1981) foi um dos primeiros pesquisadores a propor que, no caso de crianças bilíngues, haverá transferência de habilidades e conhecimentos de uma língua para outra e que não somente essa transferência é esperada, mas, acima de tudo, é positiva. Em seu Modelo de Proficiência Subjacente Comum (*Common Underlying Proficiency* – CUP), o autor sugere que as habilidades que subjazem o desempenho acadêmico em qualquer língua são compartilhadas e transferidas de uma língua para a outra. A Figura 4 abaixo ilustra o Modelo de Proficiência Subjacente Comum, proposto por Cummins (1979, 1981).

Figura 4 – Modelo de Proficiência Subjacente Comum
Fonte: Adaptado de Cummins (1981)

De acordo com o autor, há dois tipos de proficiência linguística, que ele denomina de Habilidades Comunicativas Interpessoais Básicas ou BICS (do inglês *Basic Interpersonal Communication Skills*) e Proficiência Linguística Acadêmica Cognitiva ou CALP (*Cognitive Academic Language Proficiency*). As habilidades linguísticas que compõem as BICS são aquelas desenvolvidas a partir de oportunidades de uso social da linguagem, através da interação com outros falantes em conversas informais, ao ouvir música, ou jogar videogame, por exemplo. Esse tipo de uso de linguagem não apresenta grande demanda cognitiva, pois as trocas estão sempre inseridas em situações comunicativas específicas, que, por sua vez, fornecem pistas contextuais claras, como *feedback* imediato e informações visuais (por exemplo, gestos e expressões faciais do interlocutor) que garantem o sucesso da interlocução. Por outro lado, as habilidades e conhecimento relacionados ao tipo de proficiência linguística conhecida como CALP e ocorrem em situações formais. O desenvolvimento desse tipo de proficiência linguística, característico de contextos escolares e que deve ser o foco do currículo na educação bilíngue, acarreta maior demanda cognitiva por parte do aprendiz, pois ele terá a seu dispor um menor número de pistas contextuais para ajudá-lo em sua compreensão das informações. Alguns processos cognitivos de alta ordem que caracterizam a linguagem acadêmica são comparar e contrastar informações, argumentar e persuadir o interlocutor a mudar de ideia, entre outros.

Cummins (1981) defende que há interdependência entre as habilidades e conhecimentos relacionados à leitura e escrita na L1 e na L2, uma suposição que ele denomina de Hipótese da Interdependência Linguística (*Linguistic Interdependence Hypothesis* – LIH). Essa hipótese é baseada na suposição de que dimensões acadêmicas ou cognitivas da proficiência em L1 e na LA (portanto, relacionadas à CALP) são intrinsecamente conectadas através da Proficiência Subjacente Comum que, por sua vez, é o que garante os processos de transferência de estratégias, habilidades e conceitos entre as duas línguas da criança, especialmente no que se refere à leitura acadêmica (Cummins, 2016).

Essas ideias são ilustradas através da Figura 5, que apresenta outra representação do Modelo de Proficiência Subjacente Comum postulado por Cummins (1979, 1981). Nela, aparecem dois *icebergs* separados acima da superfície, que ilustram as características aparentemente distintas das duas línguas do bilíngue, chamadas pelo autor de 'traços linguísticos de superfície'. Na ilustração, fica claro que, abaixo da superfície, os dois *icebergs* se fundem de forma que as duas línguas não funcionam separadamente, fazendo uso de um mesmo sistema de processamento central, que subjaz as duas línguas. Ou seja, as habilidades de ouvir, falar, ler e escrever são possíveis a partir do acesso a um mesmo "repositório" linguístico central, uma espécie de sistema de processamento central, no qual o conhecimento e as habilidades linguísticas são compartilhados.

A Figura 5 ilustra de que forma o desenvolvimento conceitual e linguístico contínuo na L1 pode ajudar os aprendizes a desenvolverem habilidades e conhecimento que os capacitem a representar pensamentos e ideias na língua adicional. Sob essa perspectiva, embora as duas línguas que compõem o repertório do bilíngue pareçam separadas na superfície,

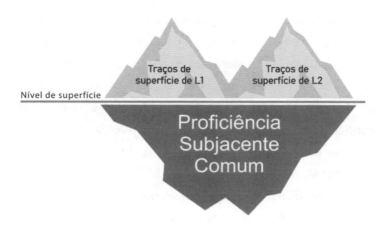

Figura 5 – *Icebergs* representando o Modelo de Proficiência Subjacente Comum
Fonte: Adaptado de Cummins, 1981

na verdade, elas são interdependentes em um nível mais profundo, conceitual, linguístico e cognitivo, uma vez que as crianças que aprendem a ler e escrever em uma língua automaticamente fazem uso dessas habilidades em todas as suas línguas. Em um trabalho posterior, Cummins (2000) reforça a afirmação de que o bilinguismo e o desenvolvimento contínuo na língua materna contribuem para o desenvolvimento das habilidades metalinguísticas e da proficiência linguística na língua adicional.

Dessa forma, na perspectiva de Cummis, a transferência interlinguística nada mais é do que uma consequência natural do processo de desenvolvimento bilíngue. As ideias do autor contrastaram com a suposição vigente na época de que o cérebro teria compartimentos separados para armazenar as línguas do bilíngue, uma concepção que o autor chamou de Modelo de Proficiência Subjacente Separada (*Separate Underlying Proficiency Model* – SUP). Segundo esse modelo, as duas línguas da criança operariam separadamente, como se fossem balões distintos no cérebro, sem que houvesse contato nem qualquer tipo de transferência entre os compartimentos responsáveis por cada uma das línguas da criança, e o indivíduo deveria esperar ser completamente fluente em uma língua antes de iniciar a adquirir uma língua adicional. Portanto, a partir dessa visão, não existiria qualquer relação entre as línguas e o processamento da linguagem faria uso de dois sistemas de processamento linguístico distintos. Uma das implicações desse modelo, que concebe a separação completa das línguas do bilíngue é a de que, por exemplo, ao aprender itens de vocabulário em uma nova língua, o indivíduo necessitaria reaprender os conceitos que subjazem esses itens lexicais. Ou seja, quando uma criança que é falante de português aprende a palavra *dog* em inglês, ela não faria uso do conhecimento que possui sobre o conceito de cachorro que adquiriu em português, pois suas duas línguas funcionariam de forma completamente independente no cérebro. É importante ressaltar que essa proposta não tem recebido respaldo nem nos meios de educação bilíngue e nem nas pesquisas sobre bilinguismo.

Ainda, segundo a Hipótese da Interdependência Linguística, o nível de competência em língua adicional que a criança irá desenvolver depende do seu nível de competência linguística na L1 no momento em que inicia seu desenvolvimento na LA – que, no caso do contexto explorado aqui, ocorre quando ela ingressa na escola. O autor sugere, ainda, que aqueles com maior competência em L1 irão progredir mais rapidamente do que os que possuem menores habilidades linguísticas em L1 quando do início da exposição à LA (Cummins, 2000). Assim, se o limiar de proficiência na L1[114] é baixo e o processo de escolarização não é suficiente para proporcionar pleno desenvolvimento de habilidades acadêmicas na L1, a criança não irá desenvolver plenamente sua proficiência acadêmica na LA. Além disso, Cummins (2008) sugere que as crianças que demonstram maiores níveis de proficiência oral em L1 parecem se beneficiar mais de oportunidades de instrução na língua adicional do que as que possuem baixa proficiência na L1, justamente porque transferem conhecimentos e habilidades que já possuem assim que iniciam sua exposição à LA na escola.

---

114. O limiar de proficiência na L1 é chamado por Cummins de *"threshold level of linguistic competence"* (1979, p. 222).

A nosso ver, como argumentaremos em mais detalhe no Capítulo 6, os conhecimentos e habilidades desenvolvidos a partir da exposição e uso da língua adicional também contribuirão para a proficiência obtida na língua materna da criança. Além disso, é interessante observar que o modelo de Cummins vai além da linguagem, sugerindo que o sistema de processamento central também seria responsável pela transferência de outros tipos de conhecimento, incluindo matemática e ciências. Isso significa dizer que, quando a criança adquire o conceito de adição através da instrução em uma língua, ela simplesmente ativa esse conhecimento nas outras línguas nas quais esses conceitos se fazem necessários.

Ao longo dos anos, a Hipótese da Interdependência Linguística, proposta por Cummins (1979, 1981), foi muitas vezes criticada pela vaguidade no conceito de interdependência e pela lacuna de detalhamento sobre que tipo de conhecimentos e habilidades são, de fato, transferidos de uma língua para outra, e em qual direção e extensão, uma vez que nem todos os aspectos do desenvolvimento da L1 parecem facilitar igualmente o desenvolvimento da LA. Além disso, pode ser o caso de que a transferência interlinguística ocorra somente em certos contextos ou circunstâncias. Entretanto, apesar disso, as ideias do autor têm fortemente influenciado tanto o desenho de pesquisas[115] sobre o desenvolvimento da biliteracia bem como as políticas linguísticas relativas à educação bilíngue, principalmente nos Estados Unidos e no Canadá. Evidências a favor do Modelo de Proficiência Subjacente Comum são encontradas em estudos que mostram que quando os currículos incorporam instrução nas duas línguas da criança, principalmente no caso de falantes de línguas minoritárias, os níveis de sucesso acadêmico são maiores

---

115. Para um exemplo, ver Proctor *et al.* (2010), que defendem a existência de distintas associações interlinguísticas entre habilidades orais e compreensão leitora a partir do nível de semelhança entre as línguas envolvidas. Os autores propõem um modelo denominado de Contínuo de Interdependência (*Interdependence Continuum*), no qual postulam que a força das associações interlinguísticas depende tanto das línguas como das características das habilidades em questão: por exemplo, habilidades orais serão menos dependentes das características dos sistemas do que habilidades de leitura.

do que quando elas são expostas à instrução somente em inglês (Cheung e Slavin, 2012).

Ainda, conforme já afirmamos neste capítulo, muitos estudos psicolinguísticos têm revelado evidências claras de que não somente as duas línguas do bilíngues interagem, como elas estão sempre ativadas em paralelo, mesmo em contextos que requerem que o falante utilize apenas uma delas (Colomé, 2001; Costa, 2005; Hermans *et al.*, 2011; Hoshino e Thierry, 2011; Kroll *et al.*, 2008). Esse fenômeno, denominado de ativação paralela – ou coativação interlinguística – prevê que é impossível considerar que uma língua possa ser simplesmente "desligada" sempre que o falante não a estiver usando, evidência que fornece base teórica para a Hipótese de Interdependência Linguística.

Na tentativa de avançar a proposta da interdependência entre as duas línguas do bilíngue, alguns autores[116] têm defendido, inclusive, que não se trata de simplesmente propor que habilidades desenvolvidas na língua materna sejam empregadas no desenvolvimento da literacia em LA, mas sim da existência de uma espécie de repertório cognitivo subjacente comum de habilidades de literacia na L1 e habilidades de literacia na LA que pode ser acessado a qualquer momento pela criança e que subjaz seu uso da modalidade escrita em suas duas línguas (Genesee *et al.*, 2006). Rolstad e MacSwan (2014) vão além e propõem, ainda, que a literacia se desenvolve, em alguma medida, relativamente independentemente da língua particular na qual essas habilidades são inicialmente adquiridas pela criança, defendendo que o conceito tradicional de transferência, que denota um processo no qual um conhecimento adquirido em uma língua se moveria para outra, é apenas uma metáfora, pois ambas as línguas têm acesso ao mesmo repertório de conhecimento, disponível aos aprendizes independentemente de como esse conhecimento foi adquirido.

---

116. Por exemplo, MacSwan e Rolstad (2003), Riches e Genesee (2006), Genesee *et al.* (2006) e Rolstad e MacSwan (2014).

Alguns autores propõem que as 'associações' entre as duas línguas do bilíngue – um termo mais usado nos dias de hoje, no lugar de 'transferência', não são uniformes e diferem dependendo do construto testado[117]. Além disso, como vimos no Capítulo 4, há recursos cognitivos que subjazem o processamento linguístico na alfabetização, como a memória de trabalho, as funções executivas e a memória de curto prazo fonológica, e a proposta desses autores é que esses recursos sejam de natureza mais geral, portanto partilhados entre as línguas do bilíngue. As funções executivas e a memória de curto prazo fonológica, por exemplo, são os recursos cognitivos que mais têm recebido atenção nas pesquisas sobre o desenvolvimento da leitura em língua adicional e que parecem fazer parte do aparato cognitivo geral do indivíduo, de forma independente do seu repertório de línguas. É importante ressaltar aqui que, obviamente, a experiência linguística do indivíduo influenciará o desenvolvimento de seu aparato cognitivo e contribuirá para a sua capacidade de processamento da linguagem durante toda sua vida. Segundo essa perspectiva, entretanto, essas habilidades metafonológicas e cognitivas não somente se aplicam a qualquer língua, como também podem ser partilhadas entre as línguas, ou seja, o desenvolvimento da memória de curto prazo em LA contribuirá para o desenvolvimento da memória de curto prazo em língua materna, e vice-versa, pois se trata de um repertório que é, em larga medida, compartilhado entre as línguas. Além disso, essas ideias contribuem para explicar as diferenças individuais em termos de rapidez e nível de sucesso no desenvolvimento da leitura em crianças bilíngues.

Por fim, embora em termos teóricos e conceituais ainda seja necessário avançar na descrição do que caracteriza a complexa relação entre as duas

---

117. Proctor, Harring e Silverman (2017) sugerem, em seu estudo, que os níveis de transferência entre espanhol e inglês podem diferir dependendo do construto (conhecimento da sintaxe do espanhol, mas não de vocabulário, foi preditor de habilidades orais e compreensão leitora em inglês). Na mesma linha, Goodrich e Lonigan (2017), em um estudo com 858 crianças, apresentam evidências a favor de uma proficiência subjacente comum em habilidades de literacia relacionadas ao código, como a consciência fonológica, mas não relacionadas a habilidades orais, defendendo também que as associações são bidirecionais.

línguas do bilíngue e quais tipos de conhecimento e habilidades linguísticas e cognitivas são de fato partilhados entre as línguas, existe consenso na literatura de que processos linguísticos e cognitivos relacionados à alfabetização, que são desenvolvidos a partir de uma das línguas da criança são, em alguma medida, ativados também na outra. Na próxima seção, apresentaremos algumas evidências de estudos que investigam a coativação interlinguística de habilidades metafonológicas – ou seja, habilidades metalinguísticas relacionadas à consciência fonológica[118].

5.3. ATIVAÇÃO DAS HABILIDADES METAFONOLÓGICAS NAS DUAS LÍNGUAS

Como vimos no Capítulo 2, consciência fonológica é a capacidade de identificar e manipular as unidades sonoras da língua, refletindo sobre elas. Existem três níveis de consciência fonológica: a consciência das sílabas, a consciência das unidades intrassilábicas e a consciência grafofonológica. As pesquisas na área mostram que a consciência das sílabas é a primeira a se desenvolver, antes mesmo do início do processo de alfabetização, seguida pela consciência das unidades intrassilábicas e, por fim, da consciência fonêmica, que é a última das habilidades a se consolidar e depende da alfabetização (Goswami, 2000). Uma das maneiras de investigar o papel da consciência fonológica na leitura tem sido através de pesquisas que associam medidas de habilidades metafonológicas e desempenho em tarefas de leitura, avaliando os efeitos do treinamento dessas habilidades em crianças com dificuldades de leitura, como disléxicos, por exemplo

---

118. Há uma enorme gama de estudos que tratam de outros aspectos de transferência de habilidades linguísticas na alfabetização, como consciência morfológica (Goodwin et al., 2013; Ramirez et al., 2011), processamento ortográfico (Deacon, Chen, Luo e Ramírez, 2013; Deacon, Commissaire, Chen e Pasquarella, 2013; Pasquarella et al., 2014; Chung, Chen e Deacon, 2018), vocabulário (Uccelli e Páez, 2007; Geva e Genesee, 2006) e compreensão leitora (Proctor et al., 2010; Li et al., 2012). Devido ao escopo da proposta deste livro, entretanto, esses estudos não serão revisados aqui.

(Swan e Goswami, 1997). Outra linha de pesquisa foca na comparação de desempenho entre bons e maus leitores em tarefas que avaliam consciência fonológica (para exemplos, ver Stothard e Hulme, 1995; Carroll e Snowling, 2004). Através desses estudos, comprova-se que o desenvolvimento da consciência fonológica é um preditor do sucesso das habilidades de leitura tanto em língua materna, como vimos no Capítulo 1, como em língua adicional, como veremos mais adiante. Além disso, as evidências mostram também que a relação entre habilidades metafonológicas e leitura é bidirecional, ou seja, alguns aspectos da consciência fonológica desempenham um papel essencial na facilitação da leitura, bem como o desenvolvimento das habilidades de leitura contribui de forma fundamental para o amadurecimento das habilidades mais sofisticadas de consciência fonológica (Snow, Burns e Griffin, 1998).

No caso de crianças bilíngues, mais especificamente, a questão central refere-se à relação entre habilidades metafonológicas na língua materna ou na língua adicional e o desempenho das crianças em tarefas de leitura em cada uma dessas línguas. Em outras palavras, investiga-se em que medida essa relação comprovada entre essas habilidades e desempenho em leitura estão vinculadas a uma língua específica (L1 ou L2) ou se configuram como habilidades de natureza metalinguística que são partilhadas entre as línguas do bilíngue, e que se constroem como uma espécie de capacidade interlinguística subjacente a essas línguas.

Nesse sentido, as evidências mais abundantes e robustas de pesquisa revelam que as habilidades metafonológicas parecem, de fato, constituir um construto compartilhado, que é ativado nas duas línguas do bilíngue e contribui para o desenvolvimento da leitura em ambas as línguas (Verhoeven, 2011; Chung, Chen e Geva, 2019). Além disso, estudos mostram que a transferência de conhecimento sobre os padrões das línguas ocorre da L1 para a L2 (e para a L3), bem como da L2 para a L1, e que o desenvolvimento de habilidades metafonológicas na língua materna contribui tanto para o desenvolvimento da consciência fonológica na língua adicional como para a aquisição da leitura nessa língua. Da mesma forma, o desenvolvimento dessas habilidades na língua adicional, mesmo quando a produção oral nessa língua ainda é limitada, não somente contribui para o desempenho em leitura na língua adicional como acelera também a aprendizagem da leitura na língua materna.

Além disso, os estudos que tratam da coativação de habilidades metafonológicas entre as duas línguas dos bilíngues têm evidenciado esse fenômeno quando as línguas envolvidas são de mesma tipologia, como inglês e francês (Berens; Kovelman e Petitto, 2013), inglês e italiano (Campbell e Sais, 1995), bem como quando as crianças são falantes de línguas tipologicamente distantes, como turco e holandês (Verhoeven, 2007, chinês e inglês (Yaden e Tsai, 2012; Ben-Yehudah et al., 2019; Kuo et al., 2020), japonês e inglês (Kuo et al., 2016) e coreano e inglês (Kang, 2012).

Sabe-se ainda que, embora a consciência fonológica seja considerada um construto subjacente de natureza metalinguística mais geral, a transferência que ocorre entre as línguas é, em alguma medida, influenciada pelas especificidades dos sistemas fonológicos das línguas particulares[119]. No próximo capítulo, trataremos disso em mais detalhe. Nesse sentido, a transferência interlinguística vai variar dependendo da complexidade dos sistemas fonológicos, e se suas relações grafofonológicas são mais opacas, como o inglês, ou mais transparentes, como o português e o espanhol[120], por exemplo. Entretanto, as evidências claramente indicam que as crianças bilíngues que possuem acesso e exposição intensa a duas línguas demonstram altos níveis de habilidades metafonológicas nos últimos níveis da

---

119. Para exemplos, ver Bruck e Genesee (1995), Bialystok, McBride-Chang e Luk (2005).
120. O estudo de Bialystok, Luk e Kwan (2005) fornece um excelente exemplo nesse sentido. As autoras empregaram tarefas de leitura de pseudopalavras a quatro grupos de crianças em fase de alfabetização: monolíngues de inglês, bilíngues de espanhol-inglês, hebraico-inglês e chinês-inglês, demonstrando que a associação entre L1 e L2 variou entre os grupos de bilíngues, dependendo do nível de contraste ortográfico entre as línguas, sendo maior para o inglês e espanhol, média para os falantes de hebraico e inglês, e pequena para os bilíngues chinês-inglês, cujas línguas não possuem ortografia em comum.

Educação Infantil e nos primeiros anos do Ensino Fundamental. Segundo Verhoeven (2011), esse desenvolvimento é resultado justamente da experiência de lidar com dois sistemas linguísticos, que torna essas crianças capazes de direcionar sua atenção aos aspectos fonológicos das suas línguas e que constrói a consciência grafofonológica.

5.4. CONSIDERAÇÕES FINAIS

Embora o processo de alfabetização dependa do conhecimento específico de cada língua que precisa ser aprendido (como, por exemplo, conhecimento de vocabulário da LA e estruturas sintáticas, morfológicas e fonológicas específicas), existem muitos processos paralelos no desenvolvimento da alfabetização na língua materna e na língua adicional. Neste capítulo, vimos que alfabetizar em duas línguas demanda reconhecer a existência desses processos de coativação de conhecimento e habilidades entre as línguas das crianças. Além disso, os processos de transferência referentes aos padrões estruturais de cada sistema ocorrem de forma bidirecional, da L1 para a LA e vice-versa, independentemente da forma como as línguas são trabalhadas na escola.

Uma das conclusões mais evidentes dos estudos de biliteracia discutidos neste capítulo é a de que podemos contribuir para a alfabetização em uma língua através da outra e que o nível de interação entre as duas línguas da criança dependerá dos níveis de proficiência que elas possuem nas suas duas línguas. Por essa razão, compreender a natureza da coativação de habilidades metafonológicas e da transferência de conhecimentos referentes aos padrões estruturais das línguas é de grande importância para o processo de alfabetização em duas línguas – na verdade, para a educação bilíngue em geral –, pois essa compreensão pode fornecer informações valiosas sobre o desenvolvimento linguístico das crianças e subsidiar o desenho de práticas pedagógicas que facilitem o aprendizado e forneçam oportunidades de enriquecimento dos recursos linguísticos dos alunos.

É essencial que as práticas pedagógicas sejam baseadas na experiência e no conhecimento linguístico que as crianças trazem para a sala de aula, para que a instrução possa promover as habilidades e potencialidades das crianças. Nesse sentido, construir intervenções direcionadas ao processo de alfabetização com base no que os alunos já conhecem e são capazes de fazer em suas línguas, ao invés de tentar negar a existência de parte do seu repertório linguístico, certamente contribuirá de forma fundamental para que a criança atinja altos níveis de biliteracia.

Compreender em que medida as duas línguas se assemelham ou diferem impacta o desempenho em leitura das crianças. Alguns alunos podem vir a ser capazes de fazer algumas dessas conexões e comparações sozinhos e serem bem-sucedidos, mas muitos podem se favorecer de uma instrução explícita sobre a relação entre os símbolos gráficos e os sons de um dado sistema linguístico que os auxilie a transferir conceitos, padrões e conhecimentos de estrutura linguística de uma língua para outra. Por isso, defendemos aqui propostas bilíngues de alfabetização que sejam construídas a partir de uma visão heteroglóssica de bilinguismo, e que favoreçam essa ponte da bidirecionalidade no desenvolvimento linguístico da criança, encorajando o desenvolvimento pleno de habilidades de Literacia Textual.

Essa ponte pode ser feita através de instrução planejada desde a Educação Infantil e pode ser aperfeiçoada enquanto as crianças usarem as duas línguas de instrução para aprender. Além disso, a instrução pode auxiliar as crianças a também desenvolver estratégias que podem ser usadas para adquirir a língua materna ou a língua adicional. Em outras palavras, a transferência efetiva de tais estratégias pode melhorar a capacidade da criança de "aprender a aprender" e, assim, facilitar a análise de conhecimento e controle de várias formas de processamento durante o aprendizado de outras línguas adicionais no futuro.

Alfabetização bilíngue e o desenvolvimento da consciência fonológica

Nos três primeiros capítulos deste livro, discutimos a importância do desenvolvimento das habilidades metafonológicas para a alfabetização em língua materna. Ressaltamos a necessidade de o professor trabalhar as habilidades metafonológicas (sobretudo nos níveis das rimas e das unidades intrassilábicas) desde a Educação Infantil, uma vez que o desenvolvimento desses dois níveis pode contribuir para a consciência da relação letra-som e, por conseguinte, do próprio nível de Literacia Alfabética, conforme o **Modelo dos Quatro Níveis de Literacia**, de Alves, Finger e Brentano (2021). Ao discutirmos as bases cognitivas da leitura, no Capítulo 4, ficou clara a importância desse processo para o estabelecimento das duas rotas de leitura, fundamentais para o instanciamento pleno dos quatro níveis de literacia.

No capítulo anterior, perguntamo-nos: e quando a alfabetização se dá em um contexto bilíngue de ensino, ou seja, em duas línguas, tais como o português e o inglês? De fato, em escolas bilíngues, as crianças aprendem a compreender e a se expressar oralmente na nova língua, mas também iniciam o desenvolvimento das habilidades de ler e escrever nessa língua. Sabemos que os sistemas linguísticos de uma criança bilíngue se influenciam mutuamente: não somente a língua materna exercerá influências sobre a língua adicional, mas a própria língua adicional atuará sobre a língua materna da criança. Essa influência não diz respeito, apenas, aos aspectos formais das duas línguas (como o léxico, a fonologia, a morfologia e a sintaxe). Conforme vimos no capítulo anterior, as habilidades metafonológicas são, em alguma medida, partilhadas entre as línguas do bilíngue e subjazem o desenvolvimento da alfabetização nas duas línguas.

Seguindo-se a premissa acima, o desenvolvimento da consciência fonológica em língua materna poderá influenciar, também, a realização de tarefas que impliquem o uso de habilidades metafonológicas na língua adicional, e vice-versa. Em outras palavras, considerando-se o **Modelo dos Quatro Níveis de Literacia** apresentado no Capítulo 1 (Alves, Finger e Brentano, 2021), à medida que a criança desenvolve suas habilidades metafonológicas, também vai construindo o nível de Literacia Alfabética nos dois sistemas. Em outras palavras, as capacidades de reflexão sobre o som e de manipulação das unidades sonoras mostram-se disponíveis em ambos os sistemas linguísticos (Cícero e Royer, 1995; Hu e Schuelle, 2005; Alves, 2012b). Portanto, o desenvolvimento da alfabetização em uma das línguas, através do conhecimento da relação entre letras e sons no sistema em questão, poderá contribuir, também, para o desenvolvimento da alfabetização na outra. Isso justifica não somente um processo de alfabetização simultânea, mas, também, pode ser potencializado pela implementação de uma instrução centrada no aprimoramento de habilidades metafonológicas nas duas línguas que estão sendo trabalhadas na escola, respeitando-se obviamente as particularidades dos sistemas fonético-fonológicos de cada língua.

Entretanto, ainda que as habilidades de reflexão e manipulação estejam disponíveis às crianças nas duas línguas, tal fato não é suficiente para garantir o bom desempenho em tarefas e testes de habilidades metafonológicas na nova língua. Para que a criança obtenha sucesso, é preciso que tenha ciência das diferenças entre os sistemas fonético-fonológicos da nova língua e de sua língua materna. Conforme as palavras de Alves (2012b, p. 171), "é preciso um estranhamento por parte do aprendiz", para que as diferenças entre os sistemas fonológicos das duas línguas possam ser percebidas. Do contrário, ainda que a criança já tenha desenvolvido as habilidades metafonológicas de contagem de sílabas e de identificação do segmento inicial em sua língua materna, por exemplo, ela corre o risco de considerar que uma palavra do inglês como 'big' tem duas sílabas, ou mesmo responder, em uma tarefa de identificação do segmento inicial, que palavras como 'think' e 'family' iniciam com o mesmo som. Não havendo essa ciência (ou este grau de consciência) acerca do sistema da língua adicional, a criança não poderá explorar ao máximo as vantagens que o desenvolvimento das habilidades metafonológicas pode exercer sobre o processo de alfabetização na nova língua. Em outras palavras, "pouco proveitosa é a habilidade de o aprendiz segmentar cadeias de sons em unidades menores se ele não conseguir identificar quais unidades da L2 são essas, confundido-as com aquelas da L1" (Alves, 2012b, p. 171).

Propomos aqui, baseados nas considerações de Alves (2012b) e de Kivistö-de Souza (2015)[121], que há dois tipos distintos de saberes necessários para o que aqui estamos denominando de 'consciência fonológica de LA na alfabetização', tendo-se em consideração crianças em contexto bilíngue de ensino: o desenvolvimento das habilidades metafonológicas *per se* e o conhecimento acerca do sistema de sons da LA. Mais especificamente, no que diz respeito às habilidades metafonológicas, como vimos no capítulo anterior, constata-se que o desenvolvimento em um dos sistemas contribui para o desenvolvimento no outro. Isso se dá porque as habilidades metafonológicas parecem constituir uma espécie de repertório cognitivo sub-

---

121. Cumpre mencionar que Kivistö-de Souza discute a consciência sobre o sistema de sons de LA entre aprendizes adultos, já alfabetizados. Propomos, à luz das considerações da autora, que a reflexão sobre o sistema sonoro da LA é, também, fundamental para a criança em fase de alfabetização (juntamente com o desenvolvimento da consciência metafonológica).

jacente comum de habilidades de literacia na L1 e habilidades de literacia na LA (Cummins, 1979, 1981; Genesee *et al.*, 2006), que dá conta da modalidade escrita das duas línguas da criança e em alguma medida independe das línguas particulares. Novamente, assim como afirmamos nos três primeiros capítulos desta obra, tais competências se desenvolvem bastante cedo, sendo que as habilidades referentes à sílaba e às unidades intrassilábicas emergem antes mesmo da alfabetização, ao passo que a consciência grafofonológica se desenvolve durante o processo de alfabetização. Nesse sentido, concebemos que estimular o desenvolvimento de tais habilidades metafonológicas nas duas línguas, na Educação Infantil ou nas séries iniciais do Ensino Fundamental, pode trazer contribuições importantes para o desenvolvimento da alfabetização nos dois sistemas linguísticos.

No que diz respeito ao segundo tipo de consciência fonológica, podemos dizer que o conhecimento acerca do sistema de sons da LA implica que o aprendiz (i) tenha conhecimento acerca das diferenças entre os sistemas de L1 ou LA (ainda que não consiga verbalizar essas diferenças); e (ii) mostre algum grau de sensibilidade ou ciência (novamente, ainda que em caráter implícito) acerca dos processos de influência que a L1 pode exercer sobre a LA, de modo a dar-se conta das "marcas" que caracterizam a fala da LA com sotaque da L1 (Kivistö-de Souza, 2015). Podemos citar, como exemplo, aqueles casos em que a criança já estranha (ou, em alguns casos, até acha engraçadas) as produções das palavras '*big*' como [ˈbɪ.gɪ], '*lot*' como [ˈlɔ.tʃɪ] ou '*rat*' como [ˈræ.tʃɪ], evidenciando formas com epêntese[122] e, no caso dos dois últimos exemplos, com palatalização[123] das plosivas /t/

---

122. A definição tradicional de 'epêntese' diz respeito à inserção de um segmento adicional, o qual "adapta" a produção da L2 ao padrão silábico da L1. A produção de vogais epentéticas pode ter efeitos no grau de inteligibilidade (cf. Derwing e Munro, 2015) da fala em língua adicional.

123. A palatalização, no exemplo aqui referido, corresponde a um processo em que as plosivas alveolares /t/ e /d/ são produzidas com o ponto de articulação palatal (ou seja, como [tʃ] e [dʒ]) antes da vogal [i]. A realização de palatalização nas tentativas de produção de /t/ e /d/ da LA pode implicar problemas de inteligibilidade (cf. Derwing e Munro, 2015).

e /d/). Tal situação de estranhamento, que muitas vezes as crianças não são capazes de verbalizar ou explicar, mostram que elas já percebem tais estruturas como impróprias, uma vez que se diferenciam do padrão com as quais estão acostumadas.

Se, por um lado, o desenvolvimento das habilidades metafonológicas se dá nos primeiros anos da vida escolar, por outro, o conhecimento (seja ele adquirido de forma incidental ou explícita) acerca das particularidades do sistema da LA, bem como acerca dos processos que marcam as produções em LA com influências da L1, pode implicar um desafio também para aprendizes adultos. Na verdade, muitas vezes, aprendizes adultos com um nível já avançado de proficiência na língua, e até professores não nativos da língua, apresentam dificuldades para identificar e discriminar alguns sons ou padrões do sistema de sons da LA. Nesse sentido, considerando-se que se trata de um desafio que pode acompanhar o aprendiz ao longo de toda a sua vida, também reforçamos a importância de se desenvolver o conhecimento dos sons entre as crianças inseridas em contextos de educação bilíngue, para que elas já passem a dar-se conta das diferenças entre os sistemas de sons da L1 e da LA desde o início do contato com a nova língua.

Ao considerarmos o contexto de alfabetização bilíngue, mais especificamente, argumentamos a favor da importância de que as crianças tenham oportunidade tanto de desenvolver habilidades metafonológicas quanto de conhecer o próprio sistema de LA (bem como de serem levadas a perceber as diferenças entre tal sistema e o da sua língua materna). Considerando-se esses alunos em vias de alfabetização, a união desses dois conjuntos de saberes é fundamental (e, inclusive, inevitável). De fato, concebemos que o próprio desenvolvimento das habilidades metafonológicas contribui para que a criança já comece a apresentar consciência acerca do sistema de LA. Esse conhecimento sobre a língua, que tem início junto com o desenvolvimento das habilidades metafonológicas, continuará a se desenvolver ao longo de toda a vida escolar da criança (mesmo após a alfabetização), podendo vir a tomar um caráter mais explícito à medida que a criança for evoluindo nos anos escolares.

Ao defendermos a necessidade de conciliar esses dois tipos de 'consciência fonológica' (habilidades metafonológicas e conhecimento sobre os sons)[124], ao longo do processo de alfabetização, nas seções que seguem, discutiremos as particularidades de cada um deles.

6.1. DESENVOLVIMENTO DAS HABILIDADES METAFONOLÓGICAS NA LA

Como vimos até agora, o desenvolvimento das habilidades metafonológicas nas duas línguas contribui para acelerar a alfabetização tanto na L1 quanto na LA. Além disso, concebemos que também permite à criança estabelecer relações de semelhanças e diferenças entre os dois sistemas linguísticos, o que poderá, a longo prazo, contribuir com o desenvolvimento não somente da alfabetização, mas também com as próprias habilidades de recepção e produção oral na nova língua durante toda sua vida.

Esta afirmação vai ao encontro dos dois termos-chave que dizem respeito ao desenvolvimento das habilidades metafonológicas: **reflexão** e **manipulação**. É a partir da 'reflexão' que o aprendiz é levado a pensar sobre os sons (e, no caso dos sons da LA, a estabelecer diferenças entre os dois sistemas linguísticos). Por sua vez, a 'manipulação' diz respeito a operar com os elementos sonoros que compõem a cadeia de fala. Conforme vimos nos três primeiros capítulos, essa habilidade de segmentar a cadeia de sons

---

124. Julgamos pertinente considerar esses dois tipos de capacidades (habilidades metafonológicas e consciência sobre o sistema de sons da LA) sob o rótulo de 'consciência', a partir das considerações de Dehaene (2015). Ao caracterizar o termo 'consciência', o autor enfatiza a importância do mecanismo de atenção para o que ele denomina de 'acesso consciente', processo a partir do qual a informação presente no input ingressa em nossa percepção consciente e passa a interagir com os demais conceitos que já se encontram armazenados em nossa mente. Uma vez que ambas as capacidades supracitadas se caracterizam por uma tomada da estrutura linguística como objeto de análise, vemos como apropriado, portanto, o uso do rótulo geral 'consciência fonológica' para caracterizá-las.

em unidades perceptuais menores é fundamental, sobretudo, para o desenvolvimento de níveis mais avançados de consciência fonológica, como o referente à consciência grafofonológica, que se desenvolve paralelamente à alfabetização. Nesse sentido, 'reflexão' e 'manipulação' são, também, fundamentais no desenvolvimento das habilidades metafonológicas da LA.

Nesta seção, discutimos alguns aspectos a serem levados em consideração pelos professores, bem como alguns passos pedagógicos a serem tomados. Ainda que cada uma das habilidades metafonológicas já tenham sido abordadas nos Capítulos 2 e 3, pretendemos, aqui, discutir algumas atividades, de caráter lúdico, que podem ser realizadas em um contexto bilíngue de alfabetização. Além disso, queremos ressaltar alguns aspectos a serem levados em conta pelo professor na elaboração de tarefas na LA.

O desenvolvimento das habilidades metafonológicas pode se dar paralelamente em ambos os sistemas. Dessa forma, como já vimos nos Capítulos 2 e 3, trata-se do desenvolvimento de habilidades que vão de unidades maiores (como sílabas e, após isso, unidades intrassilábicas) para menores (como o segmento). Consideramos que uma vantagem de trabalharmos as habilidades metafonológicas dentro de um contexto bilíngue está no fato de que cada uma das línguas fornece opções lexicais que permitem explorar, de forma mais exaustiva, um ou outro sistema linguístico nas tarefas referentes a cada um dos níveis de consciência.

A afirmação acima fica mais clara ao iniciarmos nossa discussão acerca do nível de consciência metafonológica referente à unidade silábica. Ao considerarmos as opções lexicais do português e do inglês, constatamos que o conjunto de palavras da L1 fornece um maior número de exemplares para que possamos explorar, com maior exaustão, tarefas como as de contagem, síntese, adição e exclusão de sílabas, por exemplo[125], dado que o português apresenta um alto índice de palavras polissilábicas.

---

125. Por caráter de delimitação, não explicaremos, novamente, cada uma dessas tarefas. Sugerimos que o leitor retome o Capítulo 2, o qual descreve essas habilidades metafonológicas em detalhe.

Ainda que tais atividades sejam certamente possíveis com o inglês (e que devam, também, ser realizadas na referida língua adicional), cabe mencionar que o número de monossílabos na LA é bastante alto, o que limita as possibilidades lexicais para a exploração dessas atividades. É possível, portanto, que o professor explore tais atividades em maior intensidade na própria língua materna. Cabe mencionar, outrossim, que atividades de contagem de sílabas podem ser importantes para a reflexão da criança acerca dos diferentes padrões silábicos do inglês. De fato, se a criança for considerar o padrão do português (ou possíveis produções da LA realizadas a partir da influência do padrão silábico da língua materna), ela tenderá a afirmar que palavras como '*map*' e '*sack*' têm duas sílabas (em função de uma possível epêntese final em produções como [ˈmæ.pɪ] e [ˈsæ.kɪ]), ou afirmar, ainda, que palavras como '*tractor*' [ˈtræk.tər] e '*spider*' [ˈspaɪ.dər] têm três sílabas (em função, respectivamente, das possibilidades de epêntese medial e inicial, respectivamente). De fato, reconhecer o número de sílabas pode ser tarefa difícil até mesmo para alguns professores de língua: sobretudo para aprendizes que começaram a ter contato com a LA em idade adulta, que já tinham internalizados os padrões grafofonológicos da L1, palavras como '*have*' ([hæv]) podem ser interpretadas como se tivessem duas sílabas, ao invés de uma. Por essa razão, é importante ressaltar que o professor deve sempre ter em mente que o número de sílabas fonológicas, em inglês, diz respeito ao número de vogais/ditongos com que conta a palavra. Por exemplo, no caso de '*have*', uma vez que a palavra conta apenas com um som vocálico [æ], trata-se de uma palavra monossilábica. Exemplos semelhantes são '*horse*' [hɔrs] e '*mouse*' [maʊs], as quais são, também, monossilábicas.

Já no que diz respeito às habilidades metafonológicas no nível intrassilábico, pode-se dizer que, enquanto as habilidades referentes às aliterações podem ser plenamente desenvolvidas tanto com palavras do português quanto do inglês, o léxico do inglês permite que trabalhemos, de forma mais exaustiva, as habilidades referentes às rimas. Isso porque, ao passo que a coda (posição pós-vocálica) em português permite apenas um baixo nível de consoantes (como em 'pape*l*', 'amo*r*', 'pa*z*' e 'tambê*m*'), além de apenas duas sequências consonantais em posição final de sílaba (como em 'pe*rs*.picaz' e 'mo*ns*.tro'), o inglês permite qualquer consoante em coda, com exceção de /h/ (presente apenas em posição inicial de sílaba, como em 'house'), além de um altíssimo número de combinações de duas e três consoantes em posição final de sílaba. Somado a isso, o número de palavras monossilábicas facilita ainda mais o desenvolvimento da consciência das rimas intrassilábicas, como em *cat* e *rat, top* e *stop, take* e *lake, fast* e *last, tract* e *fact*, etc. Dessa forma, em um contexto de alfabetização bilíngue, o professor pode explorar tal nível metafonológico, sobretudo, com palavras em inglês (o que, conforme já discutimos no capítulo anterior, poderá contribuir com o desenvolvimento das habilidades metafonológicas enquanto capacidade de reflexão e manipulação em ambas as línguas).

Uma série de jogos e atividades podem ser usados, com as crianças da Educação Infantil, para despertar a consciência das sílabas e das rimas em língua inglesa. Jogos de carta (jogos de memória ou de quem pega a carta maior) em que as crianças devem juntar cartinhas referentes a palavras que possuem o mesmo número de sílabas, ou, então, tomar a cartinha do colega que tiver uma palavra que tiver um número menor de sílabas, podem ser bastante interessantes. Esses jogos também podem ser realizados em língua portuguesa (e, no caso de palavras polissilábicas, o aprendiz pode tentar juntar cartas com a mesma sílaba inicial e final). Adaptações de jogos de bingo em que as crianças marcam, na cartela, palavras com o número de sílabas sorteado também são excelentes recursos. Além disso, atenção especial deve ser dada a atividades em que as crianças são convidadas a brincar e a produzir rimas. Nesse sentido, canções e *nursery rhymes* são consideradas de grande importância não somente pelo seu alto caráter lúdico, mas, também, por representarem um excelente convite para o desenvolvimento das habilidades metafonológicas referente às rimas. Ao aprender que palavras como 'house' e 'mouse' rimam, por exemplo, a criança também é instrumentalizada para refletir sobre o fato de que ambas as palavras têm apenas uma sílaba. Ademais, sobretudo no inglês, tais palavras permitem ao professor explorar algumas relações grafofonológicas características da nova língua (como, por exemplo, o fato de que o <e> final não é pronunciado em inglês).

Passemos, agora, às considerações a respeito do desenvolvimento de habilidades metafonológicas referentes à consciência grafofonológica. Conforme já vimos no Capítulo 3, esse nível de habilidade metafonológica se desenvolve com a emergência da escrita. Nesse sentido, a língua portuguesa, por apresentar uma relação mais transparente entre os símbolos gráficos e os sons que eles representam, pode ser muito bem explorada para contribuir para que o aprendiz desenvolva a capacidade de manipulação das unidades segmentais. Com o desenvolvimento de tal nível de habilidade metafonológica, o aprendiz também poderá perceber que há uma certa regularidade (ainda que não tão transparente) na relação entre letras e sons no inglês. Para isso, conforme veremos, a consciência acerca das rimas será fundamental.

Conforme já discutido aqui, o aprendiz terá de desenvolver um nível de reflexão tal que permita reconhecer as diferenças entre as unidades sonoras da L1 e da LA. Nesse sentido, atividades de manipulação referentes à exclusão do segmento final (como, por exemplo, na palavra 'nose' [nouz], cuja exclusão resulta em 'no') ou inicial (como, por exemplo, na palavra 'his' [hɪz] cuja exclusão resulta na palavra 'is' [ɪz]) contribuem para o desenvolvimento da habilidade metafonológica de segmentação da cadeia de fala em unidades menores e para o entendimento das relações grafofonológica do inglês[126]. Além disso, jogos e atividades voltados à associação de palavras com o mesmo som inicial ou mesmo som final são bastante válidos para o desenvolvimento de reflexão sobre a língua. A

---

126. Conforme afirmamos no Capítulo 3, a habilidade de realizar tal tarefa está intrinsecamente ligada ao desenvolvimento do código de escrita, o qual permitirá segmentar a fala a partir de unidades discretas. Tal fato justifica, conforme discutido no capítulo em questão, a proposição do termo 'consciência grafofonológica' para esse nível de habilidade metafonológica.

criança deve saber, por exemplo, que ao passo que a palavra 'thanks' tem o mesmo som inicial da palavra 'thing' (a fricativa surda [θ]), não tem o mesmo som inicial da palavra 'this' [ð], que é iniciada por uma fricativa sonora (ainda que a grafia referente ao segmento inicial seja a mesma) ou 'fill' [f] (ainda que [θ] e [f] sejam fricativas surdas, porém com pontos de articulação diferentes).

Em outras palavras, através de tarefas de reflexão desse tipo, podemos contribuir para que a criança se dê conta de que uma mesma letra (ou um dígrafo) pode representar sons diferentes (como no caso de 'thing' e 'this'), bem como o fato de que um mesmo som pode ser representado a partir de diferentes grafias (como, por exemplo, o som [k] no início das palavras 'cat' e 'kite'). Novamente, constatamos que atividades que ajudam a aperfeiçoar o nível de consciência grafofonológica nas duas línguas permitem, também, a reflexão sobre as regularidades e as diferenças entre os sistemas. No que diz respeito a atividades de sala de aula, novamente, jogos e brincadeiras com cartas, jogos de memória, bingos do som inicial e final e até mesmo jogos de tabuleiro planejados pelo professor podem contribuir para o desenvolvimento dessas habilidades e para um maior conhecimento sobre a língua.

Com o desenvolvimento das habilidades metafonológicas no nível grafo-fonológico, o aluno, aos poucos, vai sendo capaz de segmentar a cadeia de sons da fala em unidades perceptuais menores. A partir dessa descoberta, o estabelecimento de relações entre letras e sons é uma consequência saudável para o processo de aprendizado. Conforme já vimos no Capítulo 3, no caso do português, que tem uma relação grafofonológica mais transparente, tal descoberta tende a ser mais rápida do que no inglês. Isso não quer dizer, entretanto, que a criança não estabeleça hipóteses acerca das regularidades da escrita na língua inglesa, o que é extremamente saudável para o seu aprendizado. Algumas dessas hipóteses são, inclusive, decorrência da influência da L1 (por exemplo, se a palavra 'cachorro' é escrita com <c>, então 'cat' também o será). Tal influência pode ter um efeito benéfico (como no caso em questão) ou pode levar a criança a estabelecer grafias inapropriadas para algumas palavras da LA, com base na sua L1 (se a palavra 'cachorro' se escreve com <c>, essa também será a letra inicial da palavra 'kangarro'). Ressaltamos que tal estabelecimento de hipóteses deve ser visto como benéfico, por revelar que a criança está construindo relações entre as suas duas línguas. Por sua vez, é preciso que o professor evite que tais hipóteses equivocadas se tornem permanentes nas produções do aprendiz: o aluno pode e deve testar hipóteses, mas cabe ao professor atentar para que aquelas que resultem em formas equivocadas tenham caráter transitório, não se consolidando no repertório do aprendiz.

Mesmo no caso de grafias que acabem sendo diferentes das consideradas "corretas" na LA (como no exemplo da hipótese acerca de a palavra 'kangaroo' ser grafada com <c>), consideramos que não há motivos para preocupação imediata, uma vez que, à medida que a criança vai recebendo mais insumos da língua e for se mostrando mais exposta às formas escritas da LA, poderá redefinir suas hipóteses, bem como criar outras que não necessariamente sejam advindas unicamente das regularidades da L1. Criar hipóteses sobre a grafia faz parte da trajetória desenvolvimental da criança, pois denota um certo grau de reflexão sobre a língua. Cabe ao professor, portanto, ter sensibilidade para entender a lógica das hipóteses estabelecidas, de modo a auxiliar o aluno na redefinição daquelas hipóteses que podem não resultar no padrão esperado de ortografia na nova língua.

É importante, ainda, esclarecer um ponto importante: ainda que a relação grafofonológica do português seja mais transparente, isso não quer dizer que o inglês não apresente regularidade nas relações entre letras e sons (ao contrário do que muitos pensam e do que, inclusive, muitos professores afirmam). Por exemplo, ao passo que a vogal [i:] pode ser grafada a partir de uma série de possibilidades de letras e dígrafos (<ee>, como 'keep', <ea>, como em 'seat', <e>, como em 'me', <y>, como em 'funny', <ey>, como em 'key', <e>-<e>, como em 'eve', <ie>, como em 'chief', <ei>, como em '*receive*', <i>, como em '*variation*' e <eo> como em '*people*')[127], a vogal [ɪ], por sua vez, é representada graficamente a partir de apenas duas possibilidades (<i>, como em '*thin*', e <y>, como em '*myth*'). Com a constante exposição ao *input*, intensificada a partir de atividades que promovam o estabelecimento da relação entre letras e sons, a criança, lentamente, começa a se dar conta dessas regularidades (de modo, por exemplo, a saber que uma palavra grafada com <ee> tem de representar a vogal mais longa e tensa, por exemplo).

As regularidades da língua inglesa são muitas, ainda que menos transparentes do que no português. Muitos dos segmentos do inglês são representados por dígrafos (por exemplo, o segmento [ɛ] pode ser representado não somente por <e>, como em '*bed*', mas pelos dígrafos <ea>, como em '*bread*', <ai>, como em '*said*', <ie>, como em '*friend*' e <eo>, como em '*leopard*'). Tal fato contribui, também, para esse maior grau de opacidade na relação letra-som. É preciso esclarecer que não estamos militando a favor de um ensino explícito exaustivo dessas relações durante o processo de alfabetização, pelo contrário. Nossa convicção é de que, com a exposição constante e com jogos e atividades que levem à reflexão sobre os sons, a criança será capaz de estabelecer essas relações de forma automática. Essas relações, conforme já dito, podem ser adquiridas de forma incidental ou até mesmo de forma explícita, no caso, por exemplo, em que a criança se mostra capaz de elaborar sua hipótese verbalmente, ao perguntar para o professor (ou ao explicar para o colega) a relação que há entre uma dada letra e o som a que se refere. É essencial, por sua vez, que o professor esteja consciente da capacidade de seus alunos de estabelecer esses tipos de relações.

Em outras palavras, quanto maior exposição ao insumo oral e escrito, e quanto mais oportunidades a criança tiver de estabelecer tais relações de

---

127. Exemplos retirados de https://www.phonicbooks.co.uk/content/uploads/2016/05/complex-phonic-charts-older-Dec-21.pdf. Aconselhamos, ao professor, o uso desse e de outros materiais, disponíveis gratuitamente em www.phonicbooks.com.uk, para o trabalho das relações entre letras e sons.

maneira lúdica, mais instrumentalizada ela estará para dar conta do desafio de aprender a ler e escrever em duas línguas. Nesse sentido, o próprio trabalho com rimas, iniciado na Educação Infantil, poderá contribuir, em muito, para "ensinar" implicitamente que uma sequência de sons pode apresentar diferentes grafias na língua inglesa[128]. Por exemplo, ao trabalhar com rimas com a sequência [ɔr], como em *'door', 'for', 'your'* e *'more'*, o aluno poderá notar que a mesma sequência sonora final pode ser grafada de diferentes maneiras, o que contribui para a conscientização acerca da opacidade do sistema de LA (de modo a permitir que, em longo prazo, várias hipóteses ortográficas advindas diretamente do padrão transparente da L1 sejam abandonadas ou reelaboradas). Novamente ressaltamos que, na realidade de nossas escolas bilíngues, esse ensino não precisa ter caráter exaustivo, mas sim representar um acesso, através de forma lúdica e contextualizada, à reflexão acerca de certos aspectos formais da língua.

Antes de encerrarmos esta seção, cabe refletir sobre a possibilidade de instrumentos de aferição dos níveis de habilidades metafonológicas na língua inglesa. Encontramos, na literatura, uma série de testes de consciência fonológica com público-alvo em crianças nativas do inglês, como o *Phonological Awareness Skills Screener* (PASS)[129] e o *Quick Phonological Awareness Screening* (QPAS)[130], dentre outros. Concebemos, entretanto, que a aferição do grau de consciência fonológica em inglês apresentado por uma criança brasileira deve levar em consideração as dificuldades enfrentadas por

---

128. De fato, se bem explorado, o trabalho com rimas pode ser utilizado com níveis escolares inclusive mais adiantados na educação bilíngue, para dar conta, também, de aspectos gramaticais. Um bom exemplo diz respeito ao ensino das formas do passado simples e do particípio passado dos verbos irregulares da língua inglesa. Consideramos que a memorização de tais formas se mostra facilitada se o professor convidar o aluno a descobri--las através de grupos de rimas. Nesse sentido, verbos como *'buy'* (*bought-bought*), *'think'* (*thought-thought*), *'seek'* (*sought-sought*) e *'fight'* (*fought-fought*) pertenceriam a um mesmo grupo, ao passo que *'blow'* (*blew-blown*), *'grow'* (*grew-grown*), *'throw'* (*threw-thrown*) e *'know'* (*knew-known*) pertenceriam a outro, por exemplo.

129. https://www.seniainternational.org/wp-content/uploads/2011/02/PASS-directions.pdf

130. https://literacywithfredson.weebly.com/uploads/9/8/2/5/98254446/phonologicalassessutah.pdf

aprendizes cuja L1 é o português, além de contar com um léxico com o qual a criança esteja acostumada nas séries iniciais da educação bilíngue. Frente a essa convicção, no âmbito do Laboratório de Bilinguismo e Cognição (LABICO-UFRGS), estamos trabalhando na elaboração de testes de consciência fonológica em português e em inglês, tendo, como público-alvo, alunos de escolas bilíngues da Educação Infantil e do primeiro ano. Os testes em ambas as línguas contarão com o mesmo tipo de tarefas e questões, de modo a possibilitar, assim, a aferição da evolução em ambos os sistemas. No caso da tarefa em inglês, ao partirmos da premissa de que o desenvolvimento de habilidades metafonológicas na nova língua cumpre a dupla tarefa de desenvolvimento das habilidades de reflexão e manipulação *per se* (independentemente da língua) e da reflexão acerca das especificidades da LA, todas as atividades são elaboradas de modo a contemplar essas duas funções. Dessa forma, em uma atividade como a de identificação da sílaba inicial, por exemplo, contamos de forma equilibrada tanto com palavras como 'circus', que obedecem ao padrão silábico da L1 (e que, portanto, contribuem para a aferição da habilidade metafonológica independentemente do sistema), quanto como 'picture', cuja sílaba inicial apresenta um padrão não permitido na L1, o que já pode conduzir a criança à reflexão acerca das diferenças entre os dois sistemas. A partir da validação dos referidos instrumentos, a ser realizada em breve, poderemos verificar se esses dois tipos de estímulos implicarão diferenças no que diz respeito ao grau de dificuldade do aprendiz (o que caracteriza, também, uma questão de pesquisa bastante instigante para os estudiosos voltados ao desenvolvimento das habilidades metafonológicas).

6.2. CONSCIÊNCIA SOBRE O SISTEMA DE SONS DA LA

Conforme vimos, o desenvolvimento das habilidades metafonológicas já permite que as crianças consigam aprimorar seu grau de consciência, ainda que não necessariamente de forma verbalizável, acerca das diferenças entre a L1 e a LA. Essa possibilidade já representa um dos fatores que justificam que o professor alfabetizador esteja atento ao desenvolvimento das habilidades metafonológicas nas duas línguas. Entretanto, estabelecer as diferenças entre os sistemas de sons das duas línguas não é tarefa fácil nem para crianças, nem para adultos. Consideramos que as crianças inseridas em contextos de educação bilíngue têm uma grande vantagem no que diz respeito à possibilidade de notarem muitos dos aspectos da LA com uma idade bastante precoce, tomando consciência dos sons das línguas. Por outro lado, conforme explicado por uma série de modelos psicolinguísticos de percepção dos sons da LA (Flege, 1995; Flege e Bohn, 2021; Best e Tyler, 2021), aprendizes de diferentes idades muitas vezes não são capazes de discriminar ou identificar as diferentes categorias de sons nos dois sistemas. Trata-se, portanto, de um desafio não somente enfrentado pelas crianças em meio ao processo de alfabetização. Por essa razão, grande parte das considerações a serem feitas nesta seção poderão ser aplicadas tanto no contexto das séries iniciais quanto ao longo de toda a trajetória escolar do aluno de LA (independentemente de esse estar exposto a um contexto de educação bilíngue ou a uma metodologia tradicional de ensino de língua adicional).

O desenvolvimento do conhecimento acerca do sistema de sons da nova língua (independentemente de esse ter sido adquirido de forma incidental ou explícita) também permite ao aprendiz identificar as propriedades da fala em LA que apresenta marcas de sotaque da L1. Conforme explica Alves (2012b, p. 174), pensar nesse tipo de consciência deve implicar "um entendimento dos próprios estágios por que passam os aprendizes durante a sua trajetória em direção à produção das formas da L2 de modo semelhante ao falar nativo". Na linha de Kivistö-de Souza (2015, 2021), concebemos que esse conhecimento não necessariamente precisa ser verbalizável (uma vez que, muitas vezes, o indivíduo pode não ser capaz de precisar o quê "soa estranho"), ainda que haja a possibilidade de o aprendiz (sobretudo os adultos) apresentarem, também, um conhecimento verbalizável ou explícito acerca dessas diferenças. Nesse sentido, ainda no que diz respeito às habilidades envolvidas nesse tipo de consciência fonológica, Kivistö-de Souza (2021, p. 154), ao se referir a aprendizes adultos, explica que o referido grau de consciência abarca "perceber e produzir fala na L2, notar diferenças entre a fonologia da L1 e da L2, detectar um sotaque estrangeiro, identificar uma entoação incorreta e perceber violações na estrutura silábica da L2, embora nem sempre essas habilidades sejam bem desenvolvidas". Fazemos nossas as palavras da autora para considerarmos, também, a importância do desenvolvimento de tais habilidades entre crianças em um contexto de educação bilíngue.

Conforme sugerimos no início deste capítulo, o simples fato de a criança achar estranha ou engraçada a produção da palavra 'lot' como ['lɔ.tʃɪ], por exemplo, já denota um nível de consciência, dado que houve um processo de tomada ou acesso consciente do conhecimento (cf. Dehaene, 2015), a partir do qual o sistema linguístico passa a ser objeto de análise. O desenvolvimento desse nível de consciência é, também, de suma importância para o processo de percepção e produção na nova língua. De fato, Kivistö-de Souza (2015), ao pesquisar aprendizes brasileiros de inglês adultos, apontou uma correlação positiva entre esse tipo de consciência fonológica e as produções orais de tais aprendizes, analisadas a partir de uma tarefa de avaliação de sotaque estrangeiro julgada por 19 falantes nativos do inglês norte-americano. Conforme aponta a autora, tais resultados reforçam achados prévios, na literatura de LA, que encontram correlações entre outros domínios da gramática (como morfológicos, sintáticos, etc.) e proficiência linguística (Calderón, 2013; Renou, 2001; Roehr, 2008, dentre outros). A partir de tais considerações, segundo Kivistö-de Souza (2021), abre-se espaço para uma série de questões de investigação (tomando-se como participantes, sobretudo, indivíduos adolescentes ou adultos), de modo que se possa perguntar se, por exemplo, uma maior sensibilidade às próprias variedades da L1 pode atuar como um fator para uma maior consciência sobre os sons da LA, ou se a própria autoconsciência fonológica em LA (conforme a noção de *'noticing de gap'*, de Schmidt (1990), de acordo com a qual o próprio aprendiz pode perceber a diferença entre a sua produção e o padrão-alvo) pode ter efeitos nesse nível de consciência. Trata-se de questões de pesquisa interessantes, que precisam, ainda, ser mais bem exploradas (e que, no que diz respeito ao contexto bilíngue de ensino, são praticamente inexistentes).

Agregamos a essas questões, ainda, a necessidade de investigação acerca do papel exercido pelo contato precoce com a língua-alvo, durante a própria alfabetização (como é o caso das crianças em contexto de alfabetização em duas línguas, foco deste capítulo), no estabelecimento do grau de consciência de sons sobre a LA. Conforme hipotetizamos, tal aspecto poderá contribuir para que as crianças exibam maiores graus de consciência não somente acerca das produções (tanto suas quanto de outras pessoas) em LA, mas, inclusive, uma maior sensibilidade às diferenças dialetais tanto da LA quanto da L1. Uma vez que o contexto bilíngue de ensino é uma realidade recente em nosso país, trata-se, portanto, de questões ainda não exploradas, mas que carecem de investigação para verificar muitos dos aspectos que defendemos ao longo deste capítulo.

Ainda no que diz respeito aos possíveis saberes que caracterizam a consciência sobre o sistema de sons da LA, considerando-se crianças e adultos já alfabetizados, sobretudo os que tiveram contato com a LA após a alfabetização na L1, um outro desafio ainda deve ser levado em conta: a dificuldade de identificar as diferenças entre os padrões grafofonológicos nas duas línguas. De fato, diversos estudos[131] têm mostrado que a ortografia pode afetar a percepção e a produção dos sons em uma nova língua[132]. Isso é particularmente relevante no caso de línguas como o português e

---

131. Dentre outros, Detey e Nespoulos (2008), Bassetti (2009), Escudero e Wanrooij (2010), Escudero, Simon e Mulak (2014), Showalter e Hayes-Harb (2015), Bassetti e Atkinson (2015), Young-Scholten e Langer (2015), Basetti, Escudero e Hayes-Harb (2015), Alarifi (2020), Basetti *et al.* (2021).

132. Para maiores detalhes acerca do papel da ortografia na percepção e produção em LA, veja-se Silveira e Gonçalves (2021).

o inglês, uma vez que a relação entre letras e sons em inglês, conforme já vimos, é bem mais opaca do que em português, ainda que as regularidades grafofonológicas do inglês sejam possíveis e importantes de serem detectadas pelo falante de português. Nesse cenário, o aprendiz muitas vezes corre o risco de produzir as palavras como se houvesse uma relação biunívoca entre letra e som, de modo que a cada letra corresponda à produção de um único segmento.

Como exemplos do efeito da ortografia, Alves e Menna Barreto (2012) apontam a produção da palavra 'horse' [hɔrs] como [ˈhɔr.sɪ] por aprendizes brasileiros de inglês. Segundo os autores, tal produção é decorrente da forma grafada, uma vez que sequências [rs] são permitidas em posição final de sílaba em português, tais como na palavra 'pers.pec.ti.va'. Outro exemplo apontado pelos autores diz respeito às produções do morfema '-ed' por brasileiros. Mesmo nos casos de aprendizes que já são capazes de produzir sequências consonantais finais como na palavra 'mist' [mɪst], a forma homófona referente ao passado do verbo 'miss' ('missed') tende a ser pronunciada com uma vogal entre as duas consoantes, justamente em função da grafia do referido morfema do inglês. Finalmente, no que diz respeito aos aspectos segmentais, cabe considerar que os efeitos de ortografia se mostram ainda mais acentuados nas produções de vogais do que de consoantes (Levis e Barriuso, 2012). Isso ocorre porque o número de grafemas vocálicos é bem menor do que os consonantais, de modo a confundir ainda mais o aprendiz em função da maior opacidade na relação letra-som. Levis e Barriuso (2012) mostram, em seu estudo sobre as produções em inglês de aprendizes cujas L1s eram o espanhol, o chinês, o coreano e o malásio, que as produções dos segmentos vocálicos a partir de tarefas de leitura em voz alta apresentaram índices mais altos de inapropriações do que em um corpus de fala espontânea. Tais achados levam os autores a destacarem a importância da explicitação das correspondências grafofonológicas da língua entre aprendizes adultos, visando a propiciar um mais alto grau de consciência acerca dos sons da língua-alvo e sua relação com a escrita.

Em suma, a consciência sobre o sistema de sons da LA implica não somente a identificação e a discriminação entre os sons da L1 e da nova língua, mas, também, o entendimento das relações grafofonológicas específicas de cada sistema linguístico. Trata-se, conforme já afirmamos, de uma construção que abarca toda a trajetória escolar da criança, mas que consideramos passível de ser intensificada e em muito acelerada a partir do desenvolvimento das habilidades metafonológicas e da própria reflexão, ainda que não necessariamente verbalizável, acerca da LA na Educação Infantil e nas séries iniciais do Ensino Fundamental.

6.3. IMPLICAÇÕES PEDAGÓGICAS

Considerando-se o contexto de alfabetização bilíngue, várias ações e iniciativas podem ser tomadas pelo professor para contribuir para um maior conhecimento, mais ou menos explícito, do aprendiz sobre a língua. Conforme já discutimos, o próprio desenvolvimento das habilidades metafonológicas na Educação Infantil e ao longo do processo de alfabetização já contribui para que a criança comece a se dar conta das diferenças entre os sistemas da L1 e da LA. Ao fomentar esse desenvolvimento de habilidades de uma maneira lúdica, o professor pode, ainda, elicitar respostas a questionamentos que propiciem a reflexão sobre as línguas. Por exemplo, em um jogo de memórias em que as crianças tenham de agrupar palavras com o mesmo som inicial, juntar duas palavras como '*phone*' e '*fairy*' pode propiciar tal reflexão, uma vez que a criança irá notar que se trata do mesmo som, mas não da mesma grafia. Ao apontar, por exemplo, que '*cent*' e '*castle*' não têm o mesmo som inicial, apesar de serem iniciadas pela mesma letra[133], o aluno, também, verifica que um mesmo símbolo grafêmico pode representar diferentes sons. O papel do professor, nesse sentido, é o

---

133. Cumpre mencionar que a reflexão acerca desse exemplo pode contribuir, inclusive, com o próprio processo de alfabetização do português, uma vez que a questão referente aos "sons da letra <c>" antes de <a> e <e> são semelhantes nas duas línguas.

de propiciar essa reflexão, chamando a atenção para tal fato, no sentido de confirmar em que medida as crianças se deram conta desse aspecto. Trata-se, portanto, de um modo lúdico de garantir a reflexão acerca dos sons e das letras que os representam. À medida que as crianças reencontram esse tipo de palavra ao longo de suas atividades de leitura, o professor pode fomentar atividades de sistematização.

Ainda que as referidas atividades venham a contribuir para o desenvolvimento de certo grau de consciência, alguns aspectos dos sistemas de sons correm o risco de, apesar disso, não serem notados. Isso é particularmente verdadeiro no caso das vogais, em pares como /e/ (como em 'bed') e /æ/ (como em 'bad'), por exemplo. Um fator capaz de contribuir para essa dificuldade pode ser a própria produção do professor, principal fonte de insumos do aluno, uma vez que tal profissional pode ter, também, dificuldades para estabelecer diferenças entre as categorias vocálicas da LA. Além disso, conforme já dito, essa dificuldade pode ser ainda maior entre aprendizes que tiveram contato com a LA após terem sido alfabetizados na L1. Nesse sentido, a exposição a estímulos de áudio de diferentes locutores, a partir de atividades de discriminação com tais estímulos, pode contribuir para uma maior conscientização acerca das diferentes categorias funcionais da nova língua.

É preciso ainda dizer que as diferenças entre os sistemas da L1 e da LA não se resumem, unicamente, a aspectos segmentais e fonotáticos (os quais acabam sendo abordados através de tarefas que despertam as habilidades metafonológicas dos aprendizes). Como vimos, conforme a caracterização de Kivistö-de Souza (2015), a consciência fonológica enquanto conhecimento sobre os sistemas de sons da LA e suas diferenças dos aspectos da L1 abarca não somente os domínios segmental e fonotático supracitados, mas também inclui a consciência sobre aspectos prosódicos (a qual inclui reflexão sobre aspectos como acento lexical, acento frasal, entonação e ritmo, por exemplo).

Em outras palavras, a reflexão acerca do sistema de sons da LA não termina com a alfabetização. De fato, trabalhar com as habilidades metafonológicas desde a Educação Infantil permite que, a longo prazo, o aluno alcance níveis mais altos de consciência a respeito da sua produção e percepção dos sons, acerca de sua grafia e até dos aspectos formais da língua como um todo. Além disso, possibilita que o professor continue trabalhando com domínios prosódicos maiores ao longo de toda a vida escolar do aprendiz. Nesse sentido, ao refletirmos sobre o **Modelo dos Quatro Níveis de Literacia de Alves**, Finger e Brentano (2021), apresentado no Capítulo 1, vemos que o trabalho pedagógico e o conhecimento do componente fonético-fonológico não se mostram importantes, unicamente, para os níveis referentes às Habilidades Sociometalinguísticas e de Literacia Alfabética. De fato, sobretudo os domínios prosódicos maiores permitem entender "jogos de sentido" que se mostram fundamentais para o pleno desenvolvimento, inclusive, do nível de Literacia Social.

Em outras palavras, a reflexão sobre os sons e também acerca dos demais aspectos formais que constituem a gramática da língua, por concebermos que a consciência fonológica constitui um dos muitos domínios da consciência linguística em geral, deve ser trabalhada ao longo de toda a vida escolar do aluno. À medida que o aprendiz vai evoluindo em seus estudos e se tornando mais proficiente, novas técnicas, também, podem passar a ser usadas. Com o amadurecimento cognitivo do aprendiz, cada vez mais há espaço para uma reflexão de caráter mais explícito acerca da língua, de modo justamente a chamar a atenção para aqueles aspectos que até então não estavam sendo percebidos. Nesses contextos, a prática de explicitação dos padrões sonoros (e, também, grafofonológicos da LA) pode constituir um recurso pedagógico importante (Derwing, 2018)[134].

---

134. Em termos cognitivos, a prática da explicitação se fundamenta em função de modelos cognitivos atuais preverem a interação entre as formas de conhecimento declarativo e procedural (Ullman, 2001, 2005, 2006, 2012, 2020; Morgan-Short e Ullman, 2012; Hamrick *et al.*, 2018). Nesse sentido, ao contrário de uma perspectiva Krasheana, a partir da qual se

Cabe ainda mencionar que o termo 'instrução explícita', empregado na grande maioria de estudos que se voltam à intervenção pedagógica referente aos sistemas de sons do inglês, pode assumir uma série de acepções, a depender dos autores que o empregam. Tal termo pode representar uma simples verbalização de uma regra, de modo a chamar a atenção do aprendiz sem necessariamente requerer a prática (mecanicista ou contextualizada) das formas-alvo, ou, ainda, encontrar-se integrado a atividades de prática que venham a eclodir em um objetivo comunicativo maior. Ainda que reconheçamos todas essas práticas sob esse mesmo rótulo guarda-chuva, sabemos que diferentes práticas associadas à explicitação dos aspectos formais podem contribuir, por sua vez, para diferentes resultados em termos de processamento e automatização das formas-alvo (Luchini e Garcia-Jurado, 2016). Em uma série de estudos[135], temos refletido sobre as diferentes acepções para o referido termo, considerando-se a explicitação do componente fonético-fonológico da LA. Ainda que, no presente capítulo, não venhamos a discutir as diferentes interpretações que o termo 'instrução explícita' tenha recebido ao longo dos anos, queremos deixar clara, aqui, a necessidade de que qualquer explicitação seja conduzida em um ambiente contextualizado de uso das formas linguísticas, em que as referidas formas não sejam o fim *per se*, mas o meio de se atingir um objetivo comunicativo. Consideramos que esse objetivo fica claro em um contexto de educação

---

advogava uma ausência de interface entre as duas formas de conhecimento (Krashen, 1977, 1978, 1981, 1985), nos dias atuais sabemos que, desde que haja uma exposição suficiente ao insumo (*input*) e oportunidades satisfatórias de produção linguística (*output*), realizar uma tomada de consciência acerca dos sons da língua pode vir a contribuir, em longo prazo, para maiores índices de percepção e produção dos sons. Para uma discussão sobre modelos de interação entre as formas de conhecimento implícito e explícito, veja-se Alves (2012c). Para uma discussão sobre as diferentes visões acerca do papel da instrução no processamento dos aspectos formais da LA, vejam-se Leow (2015), Leow e Adrada-Rafael (2018) e Gauer e Alves (2020). Para maiores detalhes acerca de estratégias pedagógicas que promovam a tomada de consciência acerca de aspectos formais da língua, vejam-se Ranta e Lyster (2018), Benati e Schwieter (2019).

135. Zimmer, Silveira e Alves (2009), Alves (2015), Kupske e Alves (2017), Lima Jr. e Alves (2019), Alves (2021), Alves e Lima Jr. (2021).

bilíngue, em que a LA se caracteriza como o caminho através do qual outros saberes serão construídos[136].

6.4. CONSIDERAÇÕES FINAIS

Ao longo deste capítulo, verificamos que o termo 'consciência fonológica de LA na alfabetização' pode ser tomado sob dois diferentes âmbitos: o do desenvolvimento de habilidades metafonológicas *per se* e o referente à consciência acerca das particularidades do sistema de sons da LA, relativo às diferenças entre os sistemas de L1 e da LA e aos próprios processos desenvolvimentais pelos quais passa o aprendiz (seja em termos de aspectos segmentais, fonotáticos ou prosódicos, cf. Kivistö-de Souza, 2015). É preciso deixar claro, entretanto, que a construção do processo de desenvolvimento da consciência dos sons da língua é um processo de longo prazo, que pode ter início antes e ir além da etapa da alfabetização. Conforme vimos, aspectos prosódicos têm forte relação com níveis de literacia ainda mais altos, como o de Literacia Social, conforme o **Modelo dos Quatro Níveis de Literacia de Alves**, Finger e Brentano (2021). Nesse sentido, pensar sobre a língua é uma tarefa importante ao longo de toda a vida escolar da criança. Tal reflexão pode assumir outras formas e estratégias didáticas (inclusive, de caráter mais explícito) à medida que o aluno vá desenvolvendo sua maturidade linguística. Defendemos, aqui, que este trabalho constante pode ser facilitado (e até mesmo acelerado) em um contexto bilíngue de ensino, com o desenvolvimento das habilidades metafonológicas a partir de tarefas em ambas as línguas.

Em outras palavras, ressaltamos que crianças alfabetizadas em duas línguas se beneficiam do desenvolvimento das habilidades metafonológicas por duas razões: (i) as habilidades metafonológicas construídas em uma

---

136. Defendemos que o ensino bilíngue pode ser otimizado a partir da adoção de uma abordagem do tipo *Content-Based Language Teaching*, ou CBLT, conforme a caracterização de Nassaji e Kartchava (2019).

língua podem contribuir para a realização de tarefas metafonológicas na outra língua, além de contribuírem para a alfabetização nos dois sistemas (ao permitirem que o aluno segmente a cadeia de sons em unidades menores); e (ii) a própria realização de atividades metafonológicas contribui para o desenvolvimento do conhecimento acerca da língua.

No que diz respeito ao primeiro aspecto, concluímos, portanto, que é importante despertar as habilidades metafonológicas através de atividades em ambas as línguas da criança. Ainda que o número de pesquisas sobre o tema seja bastante incipiente (inclusive no contexto internacional de investigações), a literatura já aponta estudos que evidenciam que a alfabetização em LA contribui com o próprio processo de alfabetização de L1 (Berens, Kovelman e Petitto, 2013; Chung, Chen e Geva, 2019), de modo a demonstrar o uso partilhado das habilidades metafonológicas em ambos os sistemas, conforme já vimos no capítulo anterior. É preciso deixar claro, entretanto, que o sucesso em tarefas em uma ou outra língua pode ser diferente (e provavelmente será!), dado que a realização de tais tarefas depende não somente das próprias habilidades metafonológicas em si, mas também das próprias particularidades de cada um dos sistemas linguísticos (Bialystok, Majumder e Martin, 2003). Em outras palavras, conforme explica Saiegh-Haddad (2019, p. 17) ao se referir ao desenvolvimento de habilidades metafonológicas, "é importante ver a consciência fonológica na L2 como um construto bidimensional, que abarca um componente metalinguístico, que pode ser metalinguístico em sua natureza e independe de língua, e um componente linguístico que é específico de língua e reflete as representações fonológicas de L2". Tal afirmação, em outras palavras, ampara nossa concepção de que o desenvolvimento de habilidades metafonológicas passa também pelas próprias especificidades de cada um dos sistemas (podendo, inclusive, oportunizar que a criança reflita sobre as diferenças entre as línguas).

Já no que diz respeito ao segundo ponto, retomamos que, ao realizar atividades de desenvolvimento de habilidades metafonológicas em língua inglesa, seja no nível silábico ou nos níveis intrassilábico ou segmental, o aprendiz está pensando sobre o sistema de sons da nova língua, uma vez que todas as atividades metafonológicas evocam a reflexão sobre os sons. Tal fato, por si só, já contribui para que o aprendiz estabeleça as diferenças entre os sons dos dois sistemas linguísticos. No caso do nível segmental, também é possibilitada à criança a reflexão sobre a relação grafofonológica da LA. Em função disso, considerando-se o contexto de alfabetização bilíngue, atividades de desenvolvimento das habilidades metafonológicas não podem deixar de ser consideradas, também, como atividades de conscientização sobre os sons. Nesse contexto de instrução, concluímos, portanto, que as duas subcategorias de consciência que discutimos ao longo deste capítulo (habilidades metafonológicas e consciência sobre os sistemas de sons) são indissociáveis, levando-se em conta um contexto de educação bilíngue. Essa é mais uma vantagem de se trabalhar com a alfabetização nas duas línguas, de modo que seja explorado o desenvolvimento das habilidades de consciência fonológica nos dois sistemas linguísticos.

Esperamos, com o presente capítulo, ter deixado clara a importância de que a instrução sobre o processo de alfabetização seja realizada nas duas línguas da criança. Além disso, salientamos a relevância de que sejam adotadas atividades que promovam o desenvolvimento das habilidades metafonológicas nos dois sistemas o que, por conseguinte, poderá viabilizar a tomada de consciência acerca da estrutura da L1 e da LA.

7. CONCLUSÃO

Ao longo de todo este livro, discutimos o processo de alfabetização e a formação de leitores proficientes em uma ou duas línguas. Para isso, destacamos um aspecto que consideramos fundamental no processo de alfabetização: o despertar de habilidades de reflexão e manipulação dos sons da língua e das suas relações grafofonológicas. Defendemos que esse trabalho pedagógico de tomada de consciência deve ter início na Educação Infantil, etapa que exerce um importante papel para o estabelecimento das habilidades metafonológicas referentes à sílaba e aos elementos intrassilábicos. Discutimos, também, o papel da instrução de alfabetização, no primeiro ano do Ensino Fundamental, a partir da qual a criança passa a estabelecer a relação entre as letras e os segmentos que compõem o sistema de sons da língua. Argumentamos, ainda, que a instrução de alfabetização em contexto bilíngue não deve ser vista como um entrave ou um empecilho para o estabelecimento do processo de leitura em primeira língua, mas, sim, como um recurso a mais a partir do qual os níveis de consciência linguística da criança (seja em termos de habilidades metafonológicas ou em termos de conhecimento acerca da língua) são aprimorados.

Ao longo de toda a obra, ancoramos as etapas de desenvolvimento da criança e as práticas pedagógicas a serem desenvolvidas na sala de aula a partir do **Modelo dos Quatro Níveis de Literacia** de Alves, Finger e Brentano (2021), no qual concebemos a literacia plena em termos de Habilidades Sociometalinguísticas, Literacia Alfabética, Literacia Textual e Literacia Social. O referido modelo foi introduzido no Capítulo 1, em que também apresentamos um dos principais motes desta obra: o processo de alfabetização (e a consequente formação de leitores eficientes, considerando-se o modelo de quatro níveis) implica um trabalho de tomada de consciência acerca do sistema de sons da língua (estabelecido, nos primeiros anos escolares, a partir de atividades que desenvolvam as habilidades metafonológicas). Ainda que o foco maior deste livro tenha sido o processo de alfabetização (de modo a abarcar os níveis referentes às Habilidades Sociometalinguísticas e à Literacia Alfabética), os capítulos apresentados no decorrer desta obra foram construídos em um contínuo, de modo a dar conta dos quatro níveis apresentados no modelo. A partir dessa construção, esperamos ter deixado claro que a formação de leitores competentes demanda o desenvolvimento das habilidades metafonológicas na alfabetização, mas não se resume unicamente a esse aspecto (como pôde ser visto nos níveis da Literacia Alfabética e da Literacia Social).

Ao iniciarmos a discussão do processo de alfabetização em contextos monolíngues, no Capítulo 2, ressaltamos o importante papel desempenhado pelo professor da Educação Infantil ao investir em atividades que contribuam para a emergência de habilidades metafonológicas no nível da sílaba e das unidades intrassilábicas (como rimas e aliterações). Deixamos claro que, para além de seu caráter lúdico, rimas, versos, parlendas e jogos contribuem em muito para o posterior desenvolvimento das relações grafofonológicas. Nesse sentido, é possível afirmar que um processo eficiente de alfabetização tem seu cerne nessas atividades. Tal constatação permite-nos sugerir, em termos metafóricos, que os professores da Educação Infantil são aqueles que "preparam o terreno" para um eficiente processo de alfabetização.

No Capítulo 3, refletimos sobre a descoberta das relações entre letras e sons, de modo a abarcarmos o nível da Literacia Alfabética. É nesse estágio que tem início o desenvolvimento da habilidade metafonológica tradicionalmente chamada de "nível fonêmico". Ao apresentarmos argumentos de que somente crianças em fase de alfabetização ou alfabetizadas apresentam evidências de tal nível de habilidade metafonológica, constatamos que é a partir do *status* discreto das letras que a criança se mostra capaz de "dividir" a cadeia de fala em unidades perceptuais menores, como a de segmentos. Conforme vimos no capítulo em questão, essa relação é fundamental para a decodificação leitora. Com base nessas reflexões e ancorados em argumentos acerca do caráter dinâmico das sequências sonoras, denominamos tal nível de habilidade metafonológica de 'consciência grafofonológica', por justamente refletir essa relação crucial entre as letras e seus sons correspondentes.

O Capítulo 4 tratou de abordar as reflexões realizadas no capítulo anterior, referentes ao processo de alfabetização, apresentando as bases neurobiológicas de tal processo. Nesse sentido, o capítulo iniciou demonstrando de que forma o processo de alfabetização (seja em uma ou duas línguas) tende a "redefinir" a circuitaria do cérebro do aprendiz. Para além do processo de alfabetização, o capítulo discutiu, também, os processos cognitivos envolvidos na leitura fluente. Através dos mecanismos *bottom-up* (rota fonológica) e *top-down* (rota visual), sempre disponíveis ao leitor fluente, a criança atinge um grau de leitura fluente, que pode ser considerado de caráter "automático". Essa leitura fluente vai muito além do processo de decodificação, uma vez que contribui para o estabelecimento das relações formais entre frases e parágrafos de um texto (o que caracteriza o nível de Literacia Textual) e as relações que o texto apresenta com o cenário social em que se insere, bem como os jogos de linguagem que garantem o "ler entre as linhas" (característico do nível de Literacia Social). Dessa forma, as considerações de ordem cognitiva estabelecidas no Capítulo 4 não se limitam ao processo de alfabetização, uma vez que contemplam os quatro níveis de literacia propostos no modelo de Alves, Finger e Brentano (2021).

Com base nas discussões sobre habilidades metafonológicas e alfabetização realizadas nos três primeiros capítulos, bem como na reflexão de caráter cognitivo sobre os processos de alfabetização e leitura fluente proposta no Capítulo 4, os últimos dois capítulos abordam o contexto de ensino bilíngue. Acreditamos ter deixado claro, ao longo desses dois últimos capítulos, uma premissa fundamental: o processo de alfabetização em duas línguas, desde que caracterizado por atividades de reflexão e manipulação das unidades sonoras em ambos os sistemas, contribui para a formação de leitores mais fluentes e eficientes tanto na L1 quanto na LA. Em outras palavras, não devemos ter medo de possíveis "erros" ou das chamadas "confusões" entre línguas, tão temidas pelos pais e por alguns professores. De fato, acreditamos ter mostrado, ao longo desses capítulos, uma série de vantagens advindas do despertar da consciência dos sons nas duas línguas durante o processo de alfabetização.

O Capítulo 5 voltou-se à discussão das habilidades metafonológicas nas duas línguas. No capítulo em questão, após estendermos as previsões do Modelo de Quatro Níveis de Literacia para os contextos de alfabetização bilíngue, verificamos que as capacidades metafonológicas se mostram disponíveis aos dois sistemas linguísticos da criança. Nesse sentido, trabalhar as habilidades metafonológicas na L1 pode contribuir para a alfabetização também na LA, e vice-versa. Em termos pedagógicos, as constatações desse capítulo servem para motivar pais e professores a acreditarem e investirem em atividades que busquem desenvolver as habilidades metafonológicas da criança em seus dois sistemas linguísticos.

Partindo dessa premissa, no Capítulo 6, discutimos o que denominamos de "consciência fonológica na alfabetização bilíngue". Nesse capítulo, além de reafirmarmos o fundamental papel das habilidades metafonológicas para o processo de alfabetização em duas línguas, discutimos a importância de um outro tipo de consciência fonológica: a consciência sobre os aspectos estruturais dos sistemas fonético-fonológicos da L1 e da LA, bem como acerca dos processos de influência da L1 na fala em LA. No que diz respeito a esse tipo de consciência fonológica, vimos que tal construção de conhecimento, que tem início na alfabetização, perpassa toda a vida acadêmica do aluno. Desse fato podem decorrer diferentes estratégias pedagógicas a serem adotadas pelo professor, que pode fazer uso de abordagens distintas à medida que o aprendiz for evoluindo em termos maturacionais e de proficiência linguística.

Também no Capítulo 6, vimos que a consciência sobre o sistema de sons da LA não se resume apenas a questões segmentais e fonotáticas, uma vez que também abrange a reflexão sobre os aspectos prosódicos da nova língua (cf. Kivistö-de Souza, 2015). De fato, através dos aspectos prosódicos, conseguimos detectar jogos de linguagem, sentidos dúbios, ironias, e muitos outros recursos linguísticos que tornam a proposição do falante mais ou menos explícita. Em suma, ao discutirmos os dois tipos de consciência fonológica na LA e ao enfatizarmos a "construção" dos níveis de literacia desde a Educação Infantil e ao longo de toda a vida do aprendiz, consideramos ter abordado os quatro níveis da proposta de Alves, Finger e Brentano (2021), com especial ênfase nos níveis de Habilidades Sociometalinguísticas e Literacia Alfabética, também na discussão referente ao contexto de educação bilíngue.

Cumpre mencionar que os achados de pesquisa que motivaram as proposições realizadas ao longo desta obra revelam a necessidade de um número ainda maior de investigações sobre consciência dos sons, alfabetização e níveis de literacia, sobretudo quando se considera um contexto pedagógico de alfabetização em duas línguas. Apesar do número ainda relativamente baixo de pesquisas, consideramos que as discussões propostas ao longo da obra evidenciam uma série de implicações pedagógicas, das quais trataremos a seguir.

A primeira implicação pedagógica diz respeito ao fato de que, independentemente de estarmos tratando de um contexto monolíngue ou bilíngue de alfabetização, atividades que abordem as habilidades metafonológicas da criança são fundamentais. Conforme defendemos, para além dos efeitos diretos na alfabetização, o despertar de tais habilidades deverá exercer impacto ao longo de toda a vida acadêmica do aprendiz (que ultrapassa, inclusive, o domínio do componente fonético-fonológico), uma vez que tais atividades estimulam o aprendiz a pensar sobre a língua. Tomar a língua como objeto de análise, nos seus diferentes domínios formais, constitui uma estratégia importante para a formação de leitores e escritores eficientes e críticos.

Ainda que reconheçamos a importância fundamental do despertar das habilidades metafonológicas, é preciso que reiteremos uma das principais ressalvas desta obra: não estamos defendendo um retorno ao método fônico de alfabetização. Acreditamos ter deixado claro, ao longo de todo o livro, que concebemos um ensino que não resuma a instrução de alfabetização unicamente à questão dos sons, mas que ao mesmo tempo não prescinda de tal reflexão. Essa afirmação, a nosso ver, mostra-se em consonância com o **Modelo dos Quatro Níveis de Literacia**, o qual evidencia que leitores competentes conseguem estabelecer a relação entre os aspectos formais e sociais que caracterizam a compreensão textual plena. Dessa forma, ressaltamos, também, o que consideramos ser uma das premissas fundamentais desta obra: a literacia plena necessariamente implica, mas não se resume, a tarefas de reflexão e a manipulação dos elementos formais da língua.

A premissa acima é igualmente válida para os contextos de ensino bilíngue, já que esse contexto demanda oportunidades de reflexão nas duas línguas do aluno. Conforme discutimos nos últimos dois capítulos, o desenvolvimento das habilidades metafonológicas constitui o repertório cognitivo das habilidades de literacia tanto na L1 quanto na LA. Dessa forma, trabalhar com atividades que despertem a capacidade metafonológica das crianças, independentemente de em qual língua for, poderá contribuir para a alfabetização e para o desenvolvimento dos níveis de literacia nos dois sistemas. Ao realizar tais atividades, o professor também estará propiciando a reflexão sobre as especificidades dos aspectos formais da L1 e da LA, os quais são transferíveis entre si.

Ao considerarmos tais fatos, concluímos que a política de separação das línguas, muitas vezes adotada em escolas que oferecem programas ou currículos bilíngues que preveem horários ou turnos específicos para as aulas de língua adicional, pode vir a ser considerada arbitrária. De fato, a associação entre as línguas, tanto no que diz respeito a habilidades metafonológicas comuns entre os sistemas quanto no que concerne aos processos de transferência, acontecem de forma automática na mente da criança, não dependendo de interferência externa por parte do professor ou dos pais para que tal fato "ocorra" ou venha a ser "evitado". Em outras palavras, reafirmamos que não devemos temer "confusões" ao alfabetizarmos em duas línguas. Algumas transferências são parte do processo natural de desenvolvimento linguístico da criança, devendo ter caráter provisório, sobretudo se o aluno for estimulado a refletir sobre as diferenças entre os seus dois sistemas linguísticos.

Mesmo que a transferência interlinguística aconteça sem que o professor ou a escola tenham controle sobre isso, destacamos a importância de fazermos uso organizado e planejado das oportunidades de reflexão sobre esses processos, de forma a contribuir e otimizar as circunstâncias de aprendizagem. Quanto mais compreendermos em que medida as duas línguas da criança se assemelham ou diferem, mais podemos fazer uso otimizado dessas conexões entre as línguas. Em outras palavras, ao invés de termos receio de que haja transferência de uma língua para outra e tentarmos evitar tal processo, podemos aproveitar tal fato a nosso favor, a partir de atividades que promovam a reflexão sobre as marcas da L1 na produção em LA, por exemplo.

Antes de finalizarmos, cabe mencionar que concebemos que os argumentos aqui trazidos dizem respeito a todos os componentes da gramática, não somente ao domínio fonético-fonológico (até porque, conforme vimos no próprio **Modelo dos Quatro Níveis de Literacia**, constitui tarefa impossível – e indesejável - desvincular os domínios, se pensarmos em uma literacia plena). Esse ponto é especialmente importante para o contexto de educação bilíngue, uma vez que a língua constitui o meio através do qual outros saberes serão construídos durante a vida. Por essa razão, consideramos que a discussão proposta nesta obra assume uma dimensão maior, que ultrapassa a vinculada apenas aos aspectos das habilidades metafonológicas ou do componente fonético-fonológico.

Queremos deixar claro que o fato de trabalharmos com uma pedagogia voltada ao conteúdo (CBLT, *Content-Based Language Teaching*, cf. Nassaji e Kartchava, 2019), a qual tende a ser adotada em escolas bilíngues, não deve ser encarado com um abandono de oportunidades pedagógicas de reflexão sobre os aspectos formais da língua. Destacamos o número crescente, nas últimas duas décadas, de pesquisas referentes ao ensino de LA com foco em pedagogias do tipo CBLT[137], desenvolvidas em variados contextos de ensino bilíngue. Tais estudos ressaltam a importância de uma pedagogia que, ao ensinar o conteúdo a partir da LA, também permita a reflexão sobre o papel dos aspectos formais da língua. Frente a essa discussão, fazemos nossas as palavras de Nassaji e Kartchava (2019, p. 611):

> Em suma, o que temos aprendido a partir de estudos sobre o CBLT é que, para serem eficientes, as salas de aula focadas no conteúdo devem integrar o conteúdo com instrução linguística sistemática e foco na forma. Embora nas primeiras abordagens do CBLT o objetivo principal fosse a aquisição de conteúdo com pouca atenção às formas linguísticas, muitas das abordagens contemporâneas enfatizaram a necessidade de inclusão de instrução focada na forma em tais

---

137. Navés (2009), Ruiz de Zarobe (2010), Coyle, Hood e Marsh (2010), Lightbown e Spada (2013).

programas. Entretanto, a instrução focada na forma não deve priorizar a forma em detrimento do foco no significado, uma vez que deve ocorrer dentro de contextos comunicativos. É essa perspectiva de instrução focada na forma que tem sido amplamente defendida na literatura e na pesquisa em CBLT.

Acreditamos que, ainda que a citação acima esteja se referindo a um contexto de educação bilíngue, ela pode e deve ser levada em consideração independentemente de nos referirmos à alfabetização em uma ou duas línguas. Estamos certos de que o desenvolvimento de uma literacia plena (que contemple os quatro níveis de literacia apresentados no Capítulo 1) não poderá jamais prescindir de uma reflexão sobre os aspectos formais da língua. Reafirmamos, mais uma vez, que tal postura pedagógica não implica uma preconização da "forma pela forma". Defendemos a reflexão acerca de aspectos linguísticos cujo emprego apropriado pode contribuir para que o aluno consiga expressar-se claramente e de forma bem-sucedida, em termos pragmáticos. Tal pedagogia também instrumentalizará o aluno para que ele entenda os jogos de linguagem e mecanismos formais utilizados por seu interlocutor para conseguir objetivos práticos. Essa perda da "ingenuidade linguística" somente se faz possível a partir de um ensino que, ao mesmo tempo em que não prescinda da reflexão sobre as formas, realize-a em meio a um ambiente contextualizado e significativo para o aluno, e no qual os propósitos comunicativos se mostrem claros a partir das tarefas e atividades propostas.

Esperamos, dessa forma, que a presente obra tenha representado um chamado para que os professores possam desenvolver a reflexão e a manipulação dos diversos aspectos formais em sua sala de aula, através de diferentes práticas pedagógicas. Não se trata de uma aula "sobre as formas", mas, sim, integrada a um objetivo comunicativo maior, em que essas formas constituam um meio necessário para atingi-lo. Conseguiremos, assim, formar estudantes com alto grau de literacia, capazes de se posicionarem como cidadãos plenos através das línguas que falam, nos mais distintos contextos sociais.

Referências

ABREU, M.; CARDOSO-MARTINS, C. Alphabetic access route in beginning reading acquisition in Portuguese: The role of letter-name knowledge. *Reading and Writing: An Interdisciplinary Journal*, v. 10, n. 2, p. 85–104, 1998.

ACADEMIA BRASILEIRA DE CIÊNCIAS. *Aprendizagem infantil*: Uma abordagem da Neurociência, Economia e Psicologia Cognitiva. Rio de Janeiro: Academia Brasileira de Ciências, 2011.

ALARIFI, A. *The role of orthographic input in the distributional and lexical learning of non-native speech sounds*. Tese (Doutorado em Linguística). University of Alberta, 2020.

ALBANO, E. C. *O gesto e suas bordas* - Esboço da Fonologia Acústico-Articulatória para o português brasileiro. Campinas: FAPESP/Mercado de Letras, 2001.

ALBANO, E. C. Uma introdução à dinâmica em fonologia, com focos nos trabalhos desta coletânea. *Revista da Abralin*, v. 11, n. 1, p. 1–30, 2012.

ALBANO, E. C. *O gesto audível*: Fonologia como Pragmática. São Paulo: Cortez, 2020.

ALÇADA, I. Políticas de Leitura. *In*: ALVES, R. R.; LEITE, I. (eds.). *Alfabetização Baseada na Ciência* (ABC). Brasília: Ministério da Educação; Coordenação de Aperfeiçoamento de Pessoal de Nível Superior, 2021, p. 13–39.

ALVES, U. K. O que é consciência fonológica. *In*: LAMPRECHT, R. R.; BLANCO-DUTRA, A. P. B.; SCHERER, A. P. R.; MENNA-BARRETO, F.; BRISOLARA, L. B.; SANTOS, R. M. ALVES, U. K. *Consciência dos sons da língua*: Subsídios teóricos e práticos para alfabetizadores, fonoaudiólogos e professores de língua inglesa. 2. ed. Porto Alegre: EDIPUCRS, 2012a, p. 29–41.

ALVES, U. K. Consciência dos aspectos fonético-fonológicos da L2. *In*: LAMPRECHT, R. R.; BLANCO-DUTRA, A. P. B.; SCHERER, A. P. R.; MENNA-BARRETO, F.; BRISOLARA, L. B.; SANTOS, R. M. ALVES, U. K. *Consciência dos sons da língua*: Subsídios teóricos e práticos para alfabetizadores, fonoaudiólogos e professores de língua inglesa. 2. ed. Porto Alegre: EDIPUCRS, 2012b, p. 169–191.

ALVES, U. K. A explicitação dos aspectos fonético-fonológicos da L2: teoria e pesquisa na sala de aula. *In*: LAMPRECHT, R. R.; BLANCO-DUTRA, A. P. B.; SCHERER, A. P. R.; MENNA-BARRETO, F.; BRISOLARA, L. B.; SANTOS, R. M. ALVES, U. K. *Consciência dos sons da língua*: Subsídios teóricos e práticos para alfabetizadores, fonoaudiólogos e professores de língua inglesa. 2. ed. Porto Alegre: EDIPUCRS, 2012c, p. 211–230.

ALVES, U. K. Ensino de pronúncia na sala de aula de língua estrangeira: questões de discussão a partir de uma concepção de língua como Sistema Adaptativo e Complexo. *Versalete*, v. 3, n. 5, p. 392–413, 2015.

ALVES, U. K. Teoria dos Sistemas Dinâmicos e desenvolvimento fonético-fonológico em uma nova língua. *In*: ORTIZ-PREUSS, E.; FINGER, I. (orgs.). *A dinâmica do processamento bilíngue*. Campinas: Pontes Editores, 2018, p. 81–128.

ALVES, U. K. Ensino de pronúncia de línguas não nativas: Contribuições dos estudos formais e aplicados. *In*: MACHRY DA SILVA, S.; GRITTI, L. L.; TEIXEIRA, L. R.; BARTH, P. A.; PASSONI, T. P.; KIHL, Y. H. K. (orgs.). *Diálogos interdisciplinares*: Estudos sobre língua, literatura e ensino. Campinas: Pontes, 2021, p. 14–36.

ALVES, U. K.; ENGELBERT, A. P. P. F. O sistema consonantal do inglês. *In*: ALVES, U. K.; MACHRY DA SILVA, S.; BRISOLARA, L. B.; ENGELBERT, A. P. P. F. (orgs.). *Fonética e fonologia de línguas estrangeiras*: subsídios para o ensino. Campinas: Pontes Editores, 2020, p. 59–95.

ALVES, U. K.; FINGER, I. BRENTANO, L. S. Os quatro níveis de literacia: uma proposta teórica. *Trabalho apresentado no VII Jornada Internacional de Alfabetização*. Natal: Universidade Federal do Rio Grande do Norte, 2021.

ALVES, U. K.; LIMA JR., R. M. Instrução Explícita. *In*: KUPSKE, F. F.; ALVES, U. K.; LIMA JR., R. M. (orgs.). *Investigando os sons das línguas não nativas*: Uma introdução. Campinas: Editora da ABRALIN, 2021, p. 176–204.

ALVES, U. K. MENNA-BARRETO, F. O processamento e a produção dos aspectos fonético-fonológicos da L2. *In*: LAMPRECHT, R. R.; BLANCO-DUTRA, A. P. B.; SCHERER, A. P. R.; MENNA-BARRETO, F.; BRISOLARA, L. B.; SANTOS, R. M. ALVES, U. K. *Consciência dos sons da língua*: Subsídios teóricos e práticos para alfabetizadores, fonoaudiólogos e professores de língua inglesa. 2. ed. Porto Alegre: EDIPUCRS, 2012, p. 193–209.

BAGATINI, L. Consciência fonológica e projeto didático na alfabetização. *In*: SCHERER, A. P. R.; WOLFF, C. L. (orgs.). *Consciência linguística na escola*. Curitiba: Appris, 2020, p. 77–97.

BALL, E. W.; BLACHMAN, B. A. Does phoneme awareness training in kindergarten make a difference in early word recognition and developmental spelling? *Reading Research Quarterly*, v. 26, n. 1, p. 49-66, 1991.

BARON, J. Mechanisms for pronouncing printed words: Use and acquisition. *In*: LABERGE, D.; SAMUELS, S. J. (eds.) *Basic processes in reading: Perception and comprehension*. Hillsdale, N. J.: Erlbaum, 1977, p. 175-216.

BASSETTI, B. Orthographic input and second language phonology. *In*: PISKE, T.; YOUNG-SCHOLTEN, M. (eds.). *Input matters in SLA*. Bristol: Multilingual Matters, p. 191-206, 2009.

BASSETTI, B.; ATKINSON, N. Effects of orthographic forms on pronunciation in experienced instructed second language learners. *Applied Psycholinguistics*, v. 36, n. 1, p. 67-91.

BASSETTI, B.; ESCUDERO, P.; HAYES-HARB, R. Second language phonology at the interface between acoustic and orthographic input. *Applied Psycholinguistics*, v. 36, n. 1, p. 1-6.

BASSETTI, B.; MASTERSON, J.; CERNI, T.; MAIRANO, P. Orthographic forms affect speech perception in a second language: Consonant and vowel length in L2 English. *Journal of Experimental Psychology*: Human Perception and Performance, v. 47, n. 12, p. 1583-1603, 2021.

BATTISTI, E.; OTHERO, G.; FLORES, V. N. *Conceitos básicos de Línguística*: Sistemas conceituais. São Paulo: Contexto, 2021.

BECKNER, C.; ELLIS, N. C.; BLYTHE, R.; HOLLAND, J.; BYBEE, J.; KE, J.; CHRISTIANSEN, M. H.; LARSEN-FREEMAN, D.; CROFT, W.; SCHOENEMANN, T. Language is a Complex Adaptive System - Position paper. *Language Learning*, v. 59, supl. 1, p. 1-26, 2009.

BENATI, A.; SCHWIETER, J. W. Pedagogical interventions to L2 grammar instruction. *In*: SCHWIETER, J. W.; BENATI, A. (eds.). *The Cambridge handbook of language learning*. Cambridge: Cambridge University Press, 2019, p. 477-499.

BEN-YEHUDAH, G.; HIRSHORN, E. A.; SIMCOX, T.; PERFETTI, C. A.; FIEZ, J. A. Chinese-English bilinguals transfer L1 lexical reading procedures and holistic orthographic coding to L2 English. *Journal of Neurolinguistics*, v. 50, p. 136-148, 2019.

BERENS, M. S.; KOVELMAN, I.; PETITTO, L-A. Should bilingual children learn reading in two languages at the same time or in sequence? *Bilingual Research Journal*, v. 36, n. 1, p. 35-60, 2013.

BERTELSON, P.; De GELDER, B.; TFOUNI, L. V.; MORAIS, J. Metaphonological abilities of adult illiterates: New evidence on heterogeneity. *European Journal of Cognitive Psychology*, v. 1, n. 3, p. 239-250, 1989.

BEST, C. T.; TYLER, M. D. Nonnative and second-language speech perception: commonalities and complementarities. *In*: BOHN, O.-S.; MUNRO, M. J. (eds.). *Language experience in second language speech learning* – In honor of James Emil Flege. Amsterdam: John Benjamins Publishing Company, 2007, p. 13–34.

BIALYSTOK, E.; LUK, G.; KWAN, E. Bilingualism, biliteracy, and learning to read: Interactions among languages and writing systems. *Scientific Studies of Reading*, v. 9, n. 1, p. 43–61, 2005.

BIALYSTOK, E.; MAJUMDER, S.; MARTIN, M. M. Developing phonological awareness: Is there a bilingual advantage? *Applied Psycholinguistics*, v. 24, n. 1, p. 27–44, 2003.

BIALYSTOK, E.; MCBRIDE-CHANG, C.; LUK, G. Bilingualism, language proficiency, and learning to read in two writing systems. *Journal of Educational Research*, v. 97, n. 4, p. 580–590, 2005.

BLADON, A.; HENTON, C.; LADEFOGED, P.; MADDIESON, I.; OHALA, J. American English and the International Phonetic Alphabet: The International Phonetic Association reacts. *Publication of the American Dialect Society*, v. 80, n. 1, p. 121–126, 1998.

BLANCO-DUTRA, A. P.; SCHERER, A. P. R.; BRISOLARA, L. B.; SANTOS, R. M. Repensando as práticas pedagógica e clínica sob o enfoque da consciência fonológica. *In*: LAMPRECHT, R. R.; BLANCO-DUTRA, A. P. B.; SCHERER, A. P. R.; MENNA-BARRETO, F.; BRISOLARA, L. B.; SANTOS, R. M. ALVES, U. K. *Consciência dos sons da língua*: Subsídios teóricos e práticos para alfabetizadores, fonoaudiólogos e professores de língua inglesa. 2. ed. Porto Alegre: EDIPUCRS, 2012, p. 139–166.

BLANK, C. A.; MOTTA-ÁVILA, C. O sistema vocálico do espanhol. *In*: ALVES, U. K.; MACHRY DA SILVA, S.; BRISOLARA, L. B.; ENGELBERT, A. P. P. F. (orgs.). *Fonética e fonologia de línguas estrangeiras*: subsídios para o ensino. Campinas: Pontes Editores, 2020, p. 125–157.

BOERSMA, P.; WEENINK, D. *Praat* – Doing phonetics by computer. Disponível em https://www.fon.hum.uva.nl/praat/. Acesso em 23 de julho de 2022.

BRADLEY, L.; BRYANT, P. E. Categorizing sounds and learning to read: a causal connection. *Nature*, v. 301, n. 5899, p. 419–421, 1983.

BRANSFORD, J. D.; BROWN, A. L.; COCKING, R. R. *How people learn*: Brain, mind, experience, and school. Washington, DC: National Academy Press, 2000.

BRASIL. Lei nº 14.191, de 03 de Agosto de 2021. *Altera a Lei nº 9.394, de 20 de dezembro de 1996 (Lei de Diretrizes e Bases da Educação Nacional), para dispor sobre a modalidade de educação bilíngue de surdos.* Disponível em: https://www.in.gov.br/en/web/dou/-/lei-n-14.191-de-3-de-agosto-de-2021-336083749. Acesso em: 22 jun. 2022.

BRASIL. Lei nº 9394, de 20 de Dezembro de 1996. *Estabelece as Diretrizes e Bases da Educação Nacional.* Disponível em: http://www.planalto.gov.br/ccivil_03/leis/l9394.htm. Acesso em: 22 jun. 2022.

BRAWERMAN-ALBINI, A.; BECKER, M. R. A sílaba e o acento em inglês. *In*: ALVES, U. K.; MACHRY DA SILVA, S.; BRISOLARA, L. B.; ENGELBERT, A. P. P. F. (orgs.). *Fonética e fonologia de línguas estrangeiras*: subsídios para o ensino. Campinas: Pontes Editores, 2020, p. 97–121.

BRISOLARA, L. B.; MACHRY DA SILVA, S. O sistema consonantal do espanhol. *In*: ALVES, U. K.; MACHRY DA SILVA, S.; BRISOLARA, L. B.; ENGELBERT, A. P. P. F. (orgs.). *Fonética e fonologia de línguas estrangeiras*: subsídios para o ensino. Campinas: Pontes Editores, 2020, p. 159–188.

BROSNAN, M.; DEMETRE, J.; HAMILL, S.; ROBSON, K.; SHEPHERD, H.; CODY, G. Executive functioning in adults and children with developmental dyslexia. *Neuropsychologia*, v .40, n. 12, p. 2144–2155, 2002.

BROWMAN, C.; GOLDSTEIN, L. Towards an Articulatory Phonology. *Phonology Yearbook*, v. 3, p. 219–252, 1986.

BROWMAN, C.; GOLDSTEIN, L. Articulatory Phonology: An overview. *Phonetica*, v. 49, p. 155–180, 1992.

BRUCK, M.; GENESEE, F. Phonological awareness in young second language learners. *Journal of Child Language*, v. 22, n. 2, p.307–324, 1995.

BRUM-DE-PAULA, M. R.; FERREIRA-GONÇALVES, G. O sistema vocálico do Português Brasileiro. *In*: ALVES, U. K.; MACHRY DA SILVA, S.; BRISOLARA, L. B.; ENGELBERT, A. P. P. F. (orgs.). *Fonética e fonologia de línguas estrangeiras*: subsídios para o ensino. Campinas: Pontes Editores, 2020, p. 333–367.

BRYANT, P. E. Sensitivity to onset and rhyme does predict young children's reading: A comment on Multer, Hulme, Snowling, and Taylor. *Journal of Experimental Child Psychology*, v. 71, n. 1, p. 29–37, 1998.

BUCHWEITZ, A. Language and reading development in the brain today: Neuromarkers and the case for prediction. *Jornal de Pediatria*, v. 92, n. 3, p. S8–S13, 2016.

BUTTERFUSS, R.; KENDEOU, P. The role of executive functions in reading comprehension. *Educational Psychology Review*, v. 30, p. 801–826, 2018.

BYRNES, J. P. *Cognitive development and learning in instructional contexts*. 3. ed. Boston: Pearson/Allyn and Bacon Publishers, 2008.

CAMPBELL, R.; SAIS, E. Accelerated metalinguistic (phonological) awareness in bilingual children. *British Journal of Developmental Psychology*, v. 13, n. 1, p.61-68, 1995.

CANTOR, P.; OSHER, D.; BERG, J.; STEYER, L.; ROSE, T. Malleability, plasticity, and individuality: How children learn and develop in context. *Applied Developmental Science*, v. 23, n. 4, p. 307-337, 2018.

CAGLIARI, L. C. *Alfabetizando sem o BA BE BI BO BU*. São Paulo: Scipione, 1998.

CAGLIARI, L. C. Práticas de alfabetização de crianças e formação de alfabetizadoras. *In*: FARIA, E.; SILVA, W. R. (orgs.). *AlfabetizAÇÕES*. Campinas: Pontes Editores, 2022, p. 16-41.

CALDERÓN, A. The effects of L2 learner proficiency on depth of processing, levels of awareness, and intake. *In*: BERGSLEITHNER, J.; FROTA, S.; YOSHIOKA, J. (eds.). *Noticing and second language acquisition*: Studies in honor of Richard Schmidt. Honolulu: University of Hawai'i, National Foreign Language Resource Center, 2013, p. 103-122.

CARDOSO-MARTINS, C. Rhyme perception: global or analytical? *Journal of Experimental Child Psychology*, v. 57, n. 1, p. 26-41, 1994.

CARDOSO-MARTINS, C. Sensitivity to rhymes, syllables and phonemes, and literacy acquisition in Portuguese. *Reading Research Quarterly*, v. 30, n. 4, p. 808-828, 1995.

CARDOSO-MARTINS, C. The reading abilities of beginning readers of Brazilian Portuguese: Implications for a theory of reading acquisition. *Scientific Studies of Reading*, v. 5, n. 4, p. 289-317, 2001.

CARDOSO-MARTINS, C. Desenvolvimento das habilidades de leitura e escrita. *In*: FUENTES, D.; MALLOY-DINIZ, L. F.; CAMARGO, C. H. P.; COSENZA, R. M. (eds.). *Neuropsicologia*: Teoria e prática. Porto Alegre: Artmed, 2008, p. 151-167.

CARDOSO-MARTINS, C. Existe um estágio silábico no desenvolvimento da escrita em português? Evidência de três estudos longitudinais. *In*: MALUF, M. R.; CARDOSO-MARTINS, C. (orgs.). *Alfabetização no século XXI*: Como se aprende a ler e a escrever. Porto Alegre: Penso, 2013, p. 82-108.

CARROLL, J. M.; SNOWLING, M. J. Language and phonological skills in children at high risk of reading difficulties. *Journal of Child Psychology and Psychiatry*, v. 45, n. 3, p. 631-640, 2004. https://doi.org/10.1111/j.1469-7610.2004.00252.x

CARTWRIGHT, K. B. *The role of cognitive flexibility in reading comprehension*: Past, present, and future. New York: Routledge, 2009.

CARTWRIGHT, K. B. Insights from cognitive neuroscience: The importance of executive function for early reading development and education. *Early Education & Development*, v. 23, n. 1, p. 24–36, 2012.

CARTWRIGHT, K.B. *Executive skills and reading comprehension*: A guide for educators. New York: Guilford, 2015.

CASTLES, A.; RASTLE, K; NATION, K.; Ending the Reading Wars: Reading acquisition from novice to expert. *Psychological Science Public Interest*, v. 19, n. 1, p. 5–51, 2018. https://doi.org/10.1177/1529100618772271.

CASTLES, A.; WILSON, K.; COLTHEART, M. Early orthographic influences on phonemic awareness tasks: Evidence from a preschool training study. *Journal of Experimental Child Psychology*, v. 108, n. 1, p. 203–210, 2011.

CHACON, L. Quatro questões sobre erro ortográfico na escrita infantil. *In*: FARIA, E.; SILVA, W. R. (orgs.). *AlfabetizAÇÕES*. Campinas: Pontes Editores, 2022, p. 183–197.

CHANGEUX, J.-P. Prefácio. *In*: DEHAENE, S. *Os neurônios da leitura*. Consultoria, tradução e supervisão de L. Scliar-Cabral. Porto Alegre: Penso, 2012, p. 15–23.

CHEUNG, A.C.K.; SLAVIN, R.E. Effective Reading Programs for Spanish-Dominant English Language Learners (ELLs) in the Elementary Grades: A Synthesis of Research. *Review of Educational Research*, v.82, n.4, p.351-395, 2012.

CHOMSKY, N. *Lectures on Government and Binding*. Dordrecht: Foris, 1981.

CHUNG, S. C.; CHEN, X.; DEACON, S. H. The relationship between orthographic processing and spelling in Grade 1 French immersion children. *Journal of Research in Reading*, v. 41, n. 2, p. 290–311, 2018.

CHUNG, S. C.; CHEN, X.; GEVA, E. Deconstructing and reconstructing cross--language transfer in bilingual reading development: An interactive framework. *Journal of Neurolinguistics*, v. 50, s/n, p. 149–161, 2019.

CISERO, C. A.; ROYER, J. M. The development of cross-language transfer of phonological awareness. *Contemporary Educational Psychology*, v. 20, p. 275–303, 1995.

COLOMÉ, A. Lexical activation in bilinguals' speech production: Language--specific or language-independent? *Journal of Memory and Language*, v. 45, n. 4, p. 721–736, 2001.

COLTHEART, M. Dual routes from print to speech and dual routes from print to meaning: Some theoretical issues. *In*: KENNEDY, A.; RADACH, R.; PYNTE, J.; HELLER, D. (eds.). *Reading as a perceptual process*. Oxford: Elsevier, 2000, p. 475–547.

COLTHEART, M. Modeling reading: The dual-route approach. *In*: SNOWLING, M. J.; HULME, C. (eds.). *The science of reading*: A handbook. Malden: Blackwell, 2005, p. 6–23.

CORREA, M. F.; CARDOSO-MARTINS, C. O papel da consciência fonológica e da nomeação seriada rápida na alfabetização de adultos. *Psicologia*: Reflexão e crítica, v. 25, n. 4, p. 802–808, 2012.

COSTA, A. Lexical access in bilingual production. In: KROLL, J. F.; DE GROOT, A.M.B. (eds.). *Handbook of bilingualism*: Psycholinguistic approaches. Oxford: Oxford University Press, 2005, p. 308–325.

COSTA, A. Literacia emergente em contexto familiar. *In*: ALVES, R. R.; LEITE, I. (eds.). *Alfabetização Baseada na Ciência* (ABC). Brasília: Ministério da Educação; Coordenação de Aperfeiçoamento de Pessoal de Nível Superior, 2021, p. 155–172.

CRUZ, J.; RIBEIRO, I.; VIANA, F. Ler e escrever para ajudar meu filho a crescer: Apresentação de um programa de literacia familiar. *In*: SILVA, C. V.; MARTINS, M.; CAVALCANTI, J. (orgs.). *Ler em família, ler na escola, ler na biblioteca*: Boas práticas. Porto: Escola Superior de Educação de Paula Frassinetti, 2012, p. 19–25.

CUMMINS, J. Linguistic interdependence and the educational development of bilingual children. *Review of Educational Research*, v. 49, n. 2, p. 222–251, 1979.

CUMMINS, J. The role of primary language development in promoting educational success for language minority students. *In*: California State Department of Education (ed.), *Schooling and language minority students*: A theoretical framework. Los Angeles: Evaluation, Dissemination and Assessment Center California State University, p. 3–49, 1981.

CUMMINS, J. *Language, power, and pedagogy: Bilingual children in the crossfire*. Clevedon, UK: Multilingual Matters. 2000.

CUMMINS, J. Teaching for transfer: Challenging the two solitudes assumption in bilingual education. *In*: CUMMINS, J.; HORNBERGER, N. H. (eds.). *Encyclopedia of language and education* – Volume 5: Bilingual Education. New York: Spring Science and Business Media, 2008, p. 65–75.

CUMMINS, J. Reflections on Cummins (1980), "The cross-lingual dimensions of language proficiency: Implications for bilingual education and the optimal age issue. *TESOL Quarterly*, v. 50, n. 4, p. 940–944, 2016.

CUTLER, A.; TREIMAN, R.; Van OOIJEN, B. Strategic employment of orthographic knowledge in phoneme detection. *Language and Speech*, v. 53, n. 3, p. 307–320, 2010.

DANIELS, P. T.; BRIGHT, W. (eds.). *The world's writing systems*. Oxford: Oxford University Press, 1996.

DAS, T.; PADAKANNAYA, P.; PUGH, K. R.; SINGH, N. C. Neuroimaging reveals dual routes to reading in simultaneous proficient readers of two orthographies. *Neuroimage*, v. 54, n. 2, p. 1476–1487, 2011.

DEACON, S. H.; CHEN, X.; LUO, Y. C.; RAMÍREZ, G. Beyond language borders: Orthographic processing and word reading in Spanish-English bilinguals. *Journal of Research in Reading*, v. 36, n. 1, p. 58–74, 2013.

DEACON, S. H.; COMMISSAIRE, E.; CHEN, X.; PASQUARELLA, A. Learning about print: The development of orthographic processing and its relationship to word reading in first grade children in French immersion. *Reading and Writing: An Interdisciplinary Journal*, v. 26, n. 7, p. 1087–1109, 2013. http://dx.doi.org/10.1007/s11145-012-9407-2.

DE BOT, K. Complexity Theory and Dynamic Systems Theory: same or different? *In*: ORTEGA, L.; HAN, Z.H. (eds.). *Complexity Theory and language development*: In celebration of Diane Larsen-Freeman. Amsterdam: John Benjamins Publishing Company, 2017, p. 51–58.

DE BOT, K.; LOWIE, W.; VERSPOOR, M. A Dynamic Systems Theory approach to second language acquisition. *Bilingualism: Language & Cognition*, v. 10, n. 1, p. 7–21, 2007.

DE FRANCHIS, V.; USAI, M. C.; VITERBORI, P.; TRAVERSO, L. Preschool executive functioning and literacy achievement in Grades 1 and 3 of primary school: A longitudinal study. *Learning and Individual Differences*, v. 54, p.184–195, 2017.

DEHAENE, S. *Os neurônios da leitura*: como a ciência explica a nossa capacidade de ler. Consultoria, tradução e supervisão de L. Scliar-Cabral. Porto Alegre: Penso, 2012.

DEHAENE, S. *La conciencia en el cerebro*: descifrando el enigma de cómo el cerebro elabora nuestros pensamientos. Tradução de María Josefina D'Alesio. Buenos Aires: Siglo Veintinuno Editores, 2015.

DEHAENE, S. *How we learn: Why brains learn better that any machine... for now*. New York: Penguin Random House, 2020.

DEHAENE, S.; COHEN, L. Cultural recycling of cortical maps. *Neuron*, v. 56, n. 2, p. 384–398, 2007.

DEHAENE, S.; PEGADO, F.; BRAGA, L.; VENTURA, P.; NUNES FILHO, P.; JOBERT, A.; DEHAENE-LAMBERTZ, G.; KOLINSKY, R.; MORAIS, J.; COHEN, L. How learning to read changes the cortical networks for vision and language. *Science*, v. 330, n. 6009, p. 1359–1364, 2010.

DEMOULIN, C.; KOLINSKY, R. Does learning to read shape verbal working memory? *Psychonomic Bulletin & Review*, v. 23, n. 3, p. 703–722, 2016.

DERWING, T. M. The role of phonological awareness in language learning. *In*: GARRETT, P.; COTS, J. M. (eds.). *The Routledge Handbook of Language Awareness*. New York: Routledge, 2018, p. 339-353.

DERWING, T. M.; MUNRO, M. *Pronunciation fundamentals*: Evidence-based perspectives for L2 teaching and research. Amsterdam: John Benjamins, 2015.

DETEY, S.; MESPOULOS, J.-S. Can orthography influence second language syllable segmentation? Japanese epenthetic vowels and French consonantal clusters. *Lingua*, v. 118, n. 1, p. 66-81.

DIAMOND, A. Executive functions. *Annual Review of Psychology*, v. 64, p. 135-168, 2013. https://doi.org/10.1146/annurev-psych-113011-143750

DIJKSTRA, T.; ROELOFS, A.; FIEUWS, S. Orthographic effects on phoneme monitoring. *Canadian Journal of Experimental Psychology*, v. 49, n. 2, p. 264-271, 1995.

DURGUNOGLU, A.; NAGY, W.; HANCIN-BHATT, B. Cross-language transfer of phonological awareness. *Journal of Educational Psychology*, v. 85, n. 3, p. 453-465, 1993.

EHRI, L. C. Reconceptualizing the development of sight word reading and its relationship to recoding. *In*: GOUGH, P.; EHRI, L.; TREIMAN, R. (eds.). *Reading acquisition*. Hilssdale, NJ: Lawrence Erlbaum Associates, 1992, p. 107-143.

EHRI, L. C. Grapheme-phoneme knowledge is essential for learning to read words in English. *In*: METSALA, J.; EHRI, L. (eds.). *Word recognition in beginning literacy*. Mahwah, NJ: Lawrence Erlbaum Associates, 1998, p. 3-40.

EHRI, L. C. Phases of development in learning to read words. *In*: OAKHILL, J.; BEARD, R. (eds.). *Reading development and the teaching of reading*: A psychological perspective. Oxford: Blackwell, 1999, p. 79-108.

EHRI, L. C. Learning to read words: Theory, findings, and issues. *Scientific Studies of Reading*, v. 9, n. 2, p. 167-188, 2005.

EHRI, L. C. Aquisição da habilidade de leitura de palavras e sua influência na pronúncia e na aprendizagem de vocabulário. *In*: MALUF, M. R.; CARDOSO-MARTINS, C. (orgs.). *Alfabetização no século XXI*: Como se aprende a ler e escrever. Porto Alegre: Penso, 2013, p. 49-81.

ESCUDERO, P.; SIMON, E.; MULAK, K. Learning words in a new language: Orthography doesn't always help. *Bilingualism: Language and Cognition*, v. 17, n. 2, 384-395.

ESCUDERO, P.; WANROOIJ, K. The effect of L1 orthography on L2 vowel perception. *Language and Speech*, v. 53, n. 3, p. 343-365.

FARIAS, P. S.; SOUSA, L. B. A importância da leitura compartilhada nos primeiros anos da infância. *In*: GABRIEL, R.; GUIMARÃES, R. E.; TOWNSEND, S. A. M. (orgs.). *Alfabetização*: Interculturalidade, cognição e diversidade linguística. Campinas: Pontes Editores, 2021, p. 179-196.

FIGUERAS-DANIEL, A.; LI, Z. Evidence of support for dual language learners in a study of bilingual staffing patterns using the Classroom Assessment of Supports for Emergent Bilingual Acquisition (CASEBA). *Early Childhood Research Quarterly*, v. 54, p. 271-285, 2021.

FLEGE, J. E. Second language speech learning: Theory, findings, and problems. *In*: STRANGE, W. (ed.). *Speech perception and linguistic experience*: Issues in cross-language research. Timonium, MD: York Press, 1995, p. 233-277.

FLEGE, J. E.; BOHN, O.-S. The revised Speech Learning Model. *In*: WAYLAND, R. (ed.). *Second language speech learning*: Theoretical and empirical progress. Cambridge: Cambridge University Press, p. 3-83, 2021.

FLUSS, J.; ZIEGLER, J. C.; WARSZAWSKI, J.; DUCOT, B.; RICHARD, G.; BILLARD, C. Poor reading in French elementary school: The interplay of cognitive, behavioral, and socioeconomic factors. *Journal of Developmental and Behavioral Pediatrics*, v. 30, n. 3, p. 206-216, 2009.

FOUNDAS, A. L.; KNAUS, T. A.; SHIELDS, J. Broca's Area. *In*: AMINOFF, M. J.; DAROFF, R. B. (eds.). *Encyclopedia of the Neurological Sciences* 2. ed. Cambridge, MA: Academic Press, 2014, pp. 544-547.

FOWLER, C. Coarticulation and theories of extrinsic timing. *Journal of Phonetics*, v. 8, n. 1, p. 113-133, 1980.

FRANÇA, A. F.; LAGE, A.; GOMES, J. N.; SOTO, M.; GESUALDI-MANHÃES, A. Cérebro e leitura: educação, neurociência e o novo aluno da era do conhecimento. *In*: MAIA, M (org.). *Psicolinguística e educação*. Campinas: Mercado das Letras, p. 221-249, 2018.

FRAUENFELDER, U. H.; SEGUÍ, J.; DIJKSTRA, T. Lexical effects in phonemic processing: Facilitatory or inhibitory? *Journal of Experimental Psychology: Human Perception and Performance*, v. 16, n. 1, p. 77-91, 1990.

FREITAS, G. C. M. Consciência fonológica: Rimas e aliterações no português brasileiro. *Letras de Hoje*, v. 38, n. 2, p. 155-170, 2003.

FREITAS, G. C. M. *Consciência fonológica e aquisição da escrita*: Um estudo longitudinal. Tese (Doutorado em Letras). Porto Alegre: Pontifícia Universidade Católica do Rio Grande do Sul, 2004a.

FREITAS, G. C. M. Sobre a consciência fonológica. *In*: LAMPRECHT, R. R.; BONILHA, G. F. G.; FREITAS, G. C. M.; MATZENAUER, C. L. B.; MEZZOMO, C. K.;

OLIVEIRA, C. O.; RIBAS, L. P. *Aquisição fonológica do português*: Perfil de desenvolvimento e subsídios para a terapia. Porto Alegre: Artmed, 2004b, p. 177-192.

FRITZEN, M. P. Desafios para a educação em contexto bilíngue (alemão/português) de língua minoritária. *Educação Unisinos*, v. 16, n. 2, p. 161-168, 2012.

FUJII, R. C.; WEISSHEIMER, J. A relação entre memória de trabalho e competência leitora em crianças do 3º ano fundamental. *Letrônica*, v. 10, n. 2, p. 610-623, 2017.

GABRIEL, R. Letramento, alfabetização e literacia: Um olhar a partir da ciência da leitura. *Prâksis*, v. 14, n. 2, 0. 76-88, 2017.

GABRIEL, R. Roda de conversa "processos evolutivos e emergentes no desenvolvimento da literacia", com J. Morais, R. Kolinsky e R. Gabriel. Transcrita por J. dos Santos e K. S. de Carvalho. *In*: GABRIEL, R.; GUIMARÃES, R. E.; TOWSEND, S. A. M. (orgs.). *Alfabetização*: Interculturalidade, cognição e diversidade linguística. Campinas: Pontes Editores, 2021, p. 573-593.

GABRIEL, R.; GUIMARÃES, R. E.; TOWNSEND, S. A. M. *Alfabetização*: Interculturalidade, cognição e diversidade linguística. Campinas: Pontes Editores, 2021.

GABRIEL, R.; KOLINSKY, R.; MORAIS, J. O milagre da leitura: De sinais escritos a imagens imortais. *D.E.L.T.A.*, v. 32, n. 4, p. 919-951, 2016.

GABRIEL, R.; MORAIS, J. A leitura compartilhada, na família e na escola. *In*: FLÔRES, O.C.; GABRIEL, R. (orgs.). *O que precisamos saber sobre a aprendizagem da leitura?* Contribuições interdisciplinares. Santa Maria: Editora UFSM, 2017, p. 23-48.

GABRIEL, R.; MORAIS, J.; KOLINSKY, R. A aprendizagem da leitura e suas implicações sobre a memória e a cognição. *Ilha do Desterro*, v. 69, n. 1, p. 61-78, 2016.

GARCÍA, O. *Bilingual Education in the 21st Century*: A global perspective. New York: Wiley-Blackwell, 2009.

GASS, S.; SELINKER, L. *Language transfer in language learning*: Issues in second language research. Rowley, MA: Newbury House Publishers, 1983.

GAUER, L. T. D.; ALVES, U. K. Instrução explícita na sala de aula de L2: Uma discussão sobre atenção e processamento de L2 à luz da Teoria dos Sistemas Dinâmicos Complexos (TSDC). *Uniletras*, v. 42, e-16399, p. 1-22, 2020.

GENESEE, F.; GEVA, E.; DRESSLER, C.; KAMIL, M. Synthesis: Cross-linguistic relationships in working memory, phonological processes, and oral language. *In*: AUGUST, D.; SHANAHAN, T. (eds.). *Developing literacy in second-language learners*: A report of the national literacy Panel on language-minority children and youth. Mahwah, NJ: Erlbaum, 2006, p. 153-174.

GEVA, E.; GENESEE, F. First-language oral proficiency and second-language literacy. In: AUGUST, D.; SHANAHAN, T. (eds.). *Report of the national literacy Panel on K-12 youth and adolescents*. Lawrence Erlbaum, 2006.

GEVA, E.; RYAN, E. B. Linguistic and cognitive correlates of academic skills in first and second language. *Language Learning*, v. 43, n. 1, p. 5–42, 1993.

GOMBERT, J.-E. *Metalinguistic development*. Hertfordshire: Harvester Wheatsheaf, 1992.

GOMBERT, J.-E. Conferência de Consenso Ler, Compreender, Aprender – Como garantir o desenvolvimento das competências leitoras? 2016. *In*: GABRIEL, R.; GUIMARÃES, R. E.; TOWNSEND, S. A. M. (orgs.). *Alfabetização*: Interculturalidade, cognição e diversidade linguística. Campinas: Pontes Editores, 2021, p. 595–638. Tradução de Ana Carolina Portanova e Rosângela Gabriel.

GOODRICH, J. M.; LONIGAN, C. J. Language-independent and language-specific aspects of early literacy: An evaluation of the Common Underlying Proficiency Model. *Journal of Educational Psychology*, v. 109, n. 6, p. 782–793, 2017.

GOODWIN, A. P.; HUGGINS, A. C.; CARLO, M. S.; AUGUST, D.; CALDERON, M. Minding morphology: How morphological awareness relates to reading for English language learners. *Reading and Writing: An Interdisciplinary Journal*, v. 26, n. 9, p. 1387–1415, 2013. https://doi.org/10.1007/s11145-012-9412-5.

GOSWAMI, U. Phonological and lexical processes. *In*: KAMIL, M. L.; ROSENTHAL, P. B.; PEARSON, P. D.; BARR, R. (eds.). *Handbook of reading research* – Vol. 3. Mahwah, NJ: Erlbaum, 2000, p. 251–268.

GOSWAMI, U. Neuroscience and education. *British Journal of Educational Psychology*, v. 74, n. 1, p. 1–14, 2004.

GOSWAMI, U.; BRYANT, P. E. *Phonological skills and learning to read*. London: Erlbaum, 1990.

GOTTARDO, A.; MUELLER, J. Are first- and second-language factors related in predicting second language reading comprehension? *Journal of Educational Psychology*, v. 101, n. 2, p. 330–344, 2009.

GOUGH, P. B.; HILLINGER, M. Learning to read: An unnatural act. *Bulletin of the Orton Society*, v. 30, p. 179–196, 1980.

GOUGH, P. B.; TUNMER, W. E. Decoding, reading, and reading disability. *Remedial and Special Education*, v. 7, n. 1, p. 6–10.

GREGORY, M. M.; GABRIEL, R. A relação entre a aprendizagem da leitura e a capacidade da memória de trabalho: instrumentos de testagem e desafios metodológicos. *In*: GABRIEL, R.; CARDOSO, R. M.; FRONCKOWIAK, A. C.; PICCININ,

F.; LEBLER, C. D. (orgs.). *(Per)cursos (inter)disciplinares em Letras* – Volume 1: percursos mais linguísticos. Campinas: Pontes Editores, 2018, p. 175-190.

HAASE, V. G. *Consciência fonêmica e neuromaturação*. Dissertação (Mestrado em Letras). Porto Alegre: Pontifícia Universidade Católica do Rio Grande do Sul, 1990.

HAMRICK, P.; LUM, J. A. G.; ULLMAN, M. T. Child first language and adult second language are both tied to general-purpose learning systems. *Proceedings of the National Academy of Sciences of the United States of America*, v. 115, p. 1487-1492.

HATCHER, P. J.; HULME, C.; ELLIS, A. W. Ameliorating early reading failure by integrating the teaching of reading and phonological skills: The phonological linkage hypothesis. *Child Development*, v. 65, n. 1, p. 41-57, 1994.

HERMANS, D.; ORMEL, E.; van BESSELAAR, R.; van HELL, J. Lexical activation in bilinguals' speech production is dynamic: How language ambiguous words can affect cross-language activation. *Language and Cognitive Processes*, v. 26, n. 10, p. 1687-1709, 2011.

HINDMAN, A.; CONNOR, C. M.; JEWKES, A. M.; MORRISON, F. J. Untangling the effects of shared book reading: Multiple factors and their associations with preschool literacy outcomes. *Early Childhood Research Quarterly*, v. 23, n. 3, p. 330-350, 2008.

HOOVER, W. A.; GOUGH, P. B. The Simple View of Reading. *Reading and Writing: An Interdisciplinary Journal*, v. 2, n. 2, p. 127-160.

HORA, D. Sílaba: A menor unidade prosódica. *In*: FARIA, E.; SILVA, W. R. (orgs.). *AlfabetizAÇÕES*. Campinas: Pontes Editores, 2022, p. 131-151.

HOSHINO, N.; THIERRY, G. Language selection in bilingual word production: Electrophysiological evidence for cross-language competition. *Brain Research*, v. 1371, p. 100-109, 2011.

HU, C.; SCHUELE, C. M. Learning nonnative names: The effect of poor native phonological awareness. *Applied Psycholinguistics*, v. 26, n. 3, p. 343-362, 2005.

HULME, C.; CARAVOLAS, M.; MALKOVA, G.; BRIGSTOCKE. S. Phoneme isolation ability is not simply a consequence of letter-sound knowledge. *Cognition*, v. 97, n. 1, p. B1-11, 2005.

ILHA, S. C.; LARA, C. C.; CÓRDOBA, A. S. *Consciência Fonológica*: Coletânea de atividades orais para a sala de aula. Curitiba: Appris, 2017.

JARDINI, R. *Método das Boquinhas* – Alfabetização e reabilitação dos distúrbios de leitura e escrita. São Paulo: Casa do Psicólogo, 2003.

JARDINI, R.; SOUZA, P. Alfabetização e reabilitação dos distúrbios de leitura/escrita por metodologia fono-vísuo-articulatório. *Pró-Fono Revista de Atualização Científica*, v. 18, n. 1, p. 69-78, 2006.

JUSTICE, L. M.; KADERAVEK, J. N.; FAN, X.; SOFKA, A.; HUNT, A. Accelerating preescholers' early literacy development through classroom-based teacher-child storybook reading and explicit print referencing. *Language, Speech, and Hearing Services in Schools*, v. 40, p. 67-85, 2009.

KANG, J. Y. Do bilingual children possess better phonological awareness? Investigation of Korean monolingual and Korean-English bilingual children. *Reading and Writing: An Interdisciplinary Journal*, v. 25, n. 2, p. 411-431, 2012.

KEARNS, D. M.; HANCOCK, R.; HOEFT, F.; PUGH, K. R.; FROST, S. J. The Neurobiology of Dyslexia. *Teaching Exceptional Children*, v. 51, n. 3, p. 175-188, 2019.

KIM, Y-S. G. Why the Simple View of Reading is not simplistic: Unpacking the Simple View of Reading using a direct and indirect effect model of reading (DIER). *Scientific Studies of Reading*, v. 21, n. 4, p. 310-333, 2017.

KIM, Y-S. G. Hierarchical and dynamic relations of language and cognitive skills to reading comprehension: Testing the Direct and Indirect Effects Model of Reading (DIER). *Journal of Educational Psychology*, v. 112, n. 4, p. 667-684, 2020a.

KIM, Y-S. G. Toward integrative reading science: The direct and indirect effects model of reading (DIER). *Journal of Learning Disabilities*, v. 53, n. 6, p. 469-491, 2020b.

KIM, Y-S. G. Simple but not simplistic: The Simple View of Reading unpacked and expanded. *The Reading League Journal*, v. 1., n. 2, p. 15-34, 2020c.

KINTSCH, W. Revisiting the Construction-Integration Model of Text Comprehension and its implications for instruction. In: UNRAU, N. (ed.). *Theoretical models and processes of reading* – 6th edition. [s.l] International Reading Association, 2013, p. 807-839.

KIRBY, J. R.; PARRILA, R. K.; PFEIFFER, S. L. Naming speed and phonological awareness as predictors of reading development. *Journal of Educational Psychology*, v. 95, n. 3, p. 453-464, 2003.

KIVISTÖ-DE SOUZA, H. *Phonological awareness and pronunciation in a second language*. Tese (Doutorado). Barcelona: Universidade de Barcelona, 2015.

KIVISTÖ-DE SOUZA, H. Consciência fonológica. *In*: KUPSKE, F. F.; ALVES, U. K.; LIMA JR., R. M. (orgs.). *Investigando os sons das línguas não nativas*: Uma introdução. Campinas: Editora da ABRALIN, 2021, p. 153-173.

KOLINSKY, R. How learning to read influences language and cognition. *In*: TREIMAN, R.; POLLATSEK, A. (eds.). *The Oxford Handbook of Reading.* Oxford: Oxford University Press, 2015, p. 377–393.

KOLINSKY, R. Roda de conversa "processos evolutivos e emergentes no desenvolvimento da literacia", com J. Morais, R. Kolinsky e R. Gabriel. Transcrita por J. dos Santos e K. S. de Carvalho. *In*: GABRIEL, R.; GUIMARÃES, R. E.; TOWSEND, S. A. M. (orgs.). *Alfabetização*: Interculturalidade, cognição e diversidade linguística. Campinas: Pontes Editores, 2021, p. 573–593.

KOLINSKY, R.; GABRIEL, R.; DEMOULIN, C.; GRREGORY, M.; CARVALHO, K.; MORAIS, J. The influence of age, schooling, literacy, and socioeconomic status on serial-order memory. *Journal of Cultural and Cognitive Science*, v. 4, p. 343–365, 2020.

KOLINSKY, R.; PATTAMADILOK, C.; MORAIS, J. The impact of orthographic knowledge on speech processing. *Ilha do Desterro*, n. 63, p. 161-186, 2012.

KOLINSKY, R.; VERHAEGHE, A.; FERNANDES, T.; MENGARDA, E. J.; GRIMM-CABRAL, L.; MORAIS, J. *Journal of Experimental Psychology*: General, v. 140, n. 2, p. 210–238, 2011.

KOVELMAN, I.; NORTON, E. S.; CHRISTODOULOU, J. A.; GAAB, N.; LIEBERMAN, D. A.; TRIANTAFYLLOU, C.; WOLF, M.; WHITFIELD-GABRIELI, S.; GABRIELI, J. D. E. Brain basis of phonological awareness for spoken language in children and its disruption in dyslexia. *Cerebral Cortex*, v. 22, n. 4, p.754–764, 2012.

KRASHEN, S. D. Some issues related to the Monitor Model. *In*: BROWN, H. D.; YORIO, C. A.; CRYMES, R. H. (eds.). *On Tesol 77 – Teaching and learning English as a second language*: Trends in research and practice. Washington: TESOL, 1977, p. 144–158.

KRASHEN, S. D. The Monitor Model for second language acquisition. *In*: GINGRAS, R. C. (ed.). *Second language acquisition & foreign language teaching.* Washington: Center for Applied Linguistics, 1978, p. 1–26.

KRASHEN, S. D. *Second language acquisition and second language learning.* Oxford: Pergamon, 1981.

KRASHEN, S. D. *The Input Hypothesis*: Issues and implications. Londres/Nova York: Longman, 1985.

KROLL, J. F.; BOBB, S. C.; MISRA, M.; GUO, T. Language selection in bilingual speech: Evidence for inhibitory processes. *Acta Psychologica*, v. 128, n. 3, p. 416–430, 2008.

KUO, L. J.; KU, Y. M.; CHEN, Z.; GEZER, M. Ü. The relationship between input and literacy and metalinguistic development: A study with Chinese-English bilinguals. *International Journal of Bilingualism*, v. 24, n. 1, p. 26-45, 2020.

KUO, L. J.; UCHIKOSHI, Y.; KIM, T.J.; YANG, X. Bilingualism and phonological awareness: Re-examining theories of cross-language transfer and structural sensitivity. *Contemporary Educational Psychology*, v. 46, p. 1-9, 2016.

KUPSKE, F. F.; ALVES, U. K. Orquestrando o caos: o ensino de pronúncia de língua estrangeira à luz do paradigma da Complexidade. *Fórum Linguístico*, v. 14, n. 4, p. 2771-2784, 2017.

LADEFOGED, P. Phonology and the IPA. *Journal of the International Phonetic Association*, v. 20, n. 2, p. 47, 1990.

LADEFOGED, P.; JOHNSON, K. *A course in Phonetics*. 7. ed. Stamford, CT: Cengage Learning, 2015.

LADO, R. *Linguistics across cultures*: Applied linguistics for language teachers. Ann Arbor: University of Michigan Press, 1957.

LADO, R. *Language teaching*: A scientific approach. New York: McGraw-Hill, 1964.

LAMPRECHT, R. R.; BLANCO-DUTRA, A. P. B.; SCHERER, A. P. R.; MENNA-BARRETO, F.; BRISOLARA, L. B.; SANTOS, R. M. ALVES, U. K. *Consciência dos sons da língua*: Subsídios teóricos e práticos para alfabetizadores, fonoaudiólogos e professores de língua inglesa. 2. ed. Porto Alegre: EDIPUCRS, 2012.

LAMPRECHT, R. R.; BONILHA, G. F. G.; FREITAS, G. C. M.; MATZENAUER, C. L. B.; MEZZOMO, C. K.; OLIVEIRA, C. O.; RIBAS, L. P. *Aquisição fonológica do português*: Perfil de desenvolvimento e subsídios para a terapia. Porto Alegre: Artmed, 2004.

LANGACKER, R. W. Cognitive grammar as a basis for language instruction. *In*: ROBINSON, P.; ELLIS, N. (eds.). *Handbook of cognitive linguistics and second language acquisition*. New York: Routledge, 2008, p. 66-88.

LARSEN-FREEMAN, D. Ten 'Lesssons' from Dynamic Systems Theory: what is on offer. *In*: DÖRNYEI, Z.; MacINTYRE, P. D.; HENRY, A. (eds). *Motivational dynamics in language learning*. Bristol: Multilingual Matters, 2015, p. 11-19.

LARSEN-FREEMAN, D. Complexity Theory: The lessons continue. *In*: ORTEGA, L.; HAN, Z.H. (eds.). *Complexity Theory and language development*: In celebration of Diane Larsen-Freeman. Amsterdam: John Benjamins Publishing Company, 2017, p. 11-50.

LARSEN-FREEMAN, D.; CAMERON, L. *Complex Systems and Applied Linguistics*. Oxford: Oxford University Press, 2008.

LEOW, R. P. *Explicit learning in the L2 classroom* – A student-centered approach. New York: Routledge, 2015.

LEOW, R. P.; ADRADA-RAFAEL, S. La atención y la concienciación en el campo de la adquisición de segundas lenguas. *In*: ORTIZ-PREUSS, E.; FINGER, I. (orgs.). *A dinâmica do processamento bilíngue*. Campinas: Pontes Editores, 2018, p. 191-231.

LEVIS, J.; BARRIUSO, T. A. Nonnative speakers' pronunciation errors in spoken and read English. *In*: LEVIS, J.; LeVELLE, K. (eds.). *Proceedings of the 3rd Pronunciation in Second Language Learning and Teaching Conference*. Ames, IA: Iowa State University, 2012, p. 187-194.

LI, T.; MCBRIDE-CHANG, C.; WONG, A. M.-Y.; SHU, H. Longitudinal predictors of spelling and reading comprehension in Chinese as an L1 and English as an L2 in Hong Kong Chinese children. *Journal of Educational Psychology*, v. 104, n. 2, p. 286-301, 2012.

LIMA, R. A. S. C. *O efeito preditor das habilidades fonológicas sobre a leitura e a escrita*. Dissertação (Mestrado em Psicologia). Recife: Universidade Federal de Pernambuco, 2002.

LIMA JR., R. M.; ALVES, U. K. A dynamic perspective on L2 pronunciation development: bridging research and communicative teaching practice. *Revista do GEL*, v. 16, n. 2, p. 27-56, 2019.

LIMA JR., R. M.; SILVEIRA, R. O sistema vocálico do inglês. *In*: ALVES, U. K.; MACHRY DA SILVA, S.; BRISOLARA, L. B.; ENGELBERT, A. P. P. F. (orgs.). *Fonética e fonologia de línguas estrangeiras*: subsídios para o ensino. Campinas: Pontes Editores, 2020, p. 19-57.

LOGAN, J. A. R.; JUSTICE, L. M.; YUMUS, M.; CHAPARRO-MORENO, L. J. When children are not read to at home: The million word gap. *Journal of Developmental & Behavioral Pediatrics*, v. 40, n. 5, p. 383-386, 2019.

LOPES, M. M.; RAHAL, C. B. No percurso das narrativas... *In*: SCHERER, A. P. R.; WOLFF, C. L. (orgs.). *Consciência linguística na escola*: Experiências e vivências na sala de aula e na formação de professores. Curitiba: Appris, 2020, p. 137-145.

LORANDI, A. *From sensitivity to awareness*: The morphological knowledge of Brazilian children between 2 and 11 years old and the representational redescription model. Tese (Doutorado em Letras). Porto Alegre: Pontifícia Universidade Católica do Rio Grande do Sul, 2011.

LORANDI, A. Consciência linguística e alfabetização. *In*: SCHERER, A. P. R.; WOLFF, C. L. (orgs.). *Consciência linguística na escola*: Experiências e vivências na sala de aula e na formação de professores. Curitiba: Appris, 2020, p. 41-59.

LUCHINI, P. L.; GARCÍA-JURADO, M. A. Sobre el 'grado de acento extranjero' y 'fluidez' en la clase de pronunciación inglesa: un estudio evaluativo. *Organon*, v. 30, n. 58, p. 193-213, 2015.

MacSWAN, J.; ROLSTAD, K. Linguistic diversity, schooling, and social class: Rethinking our conception of language proficiency in language minority education. *In*: PAULSTON, C. B.; TUCKER, R. (eds.) *Sociolinguistics*: The essential readings. Oxford: Blackwell, p. 329-340, 2003.

MAIA, M. (org.). *Psicolinguística, psicolinguísticas*: Uma introdução. São Paulo: Contexto, 2015.

MAIA, M. (org.). *Psicolinguística e educação*. Campinas, SP: Mercado de Letras, 2018.

MARTIN, A.; SCHURZ, M.; KRONBICHLER, M.; RICHLAN, F. Reading in the brain of children and adults: A meta-analysis of 40 functional magnetic resonance imaging studies. *Human Brain Mapping*, v. 36, n. 5, p. 1963-1981, 2015.

MATTHEWS, P. H. *Oxford concise dictionary of Linguistics*. Oxford: Oxford University Press, 1997.

MAURER, U.; SCHULZ, E.; BREM, S.; DER MARK, S.V.; BUCHER, K.; MARTIN, E.; BRANDEIS, D. The development of print tuning in children with dyslexia: evidence from longitudinal ERP data supported by fMRI. *Neuroimage*, v. 57, n. 3, p. 714-722, 2011.

McBRIDE-CHANG, C.; CHO, J.-R.; LIU, H.; WAGNER, R. K.; SHU, H.; ZHOU, A.; CHEUK, C. S.-M.; MUSE, A. Changing models across cultures: associations of phonological awareness and morphological structure awareness with vocabulary and word recognition in second graders from Beijing, Hong Kong, Korea, and the United States. *Journal of Experimental Child Psychology*, v. 92, n. 2, p. 140-160, 2005.

MELBY-LERVAG, M.; LERVAG, A. Reading comprehension and its underlying components in second language learners: a meta-analysis of studies comparing first- and second-language learners. *Psychological Bulletin*, v. 140, n. 2, p. 409-433, 2014.

MENCHIK, E. K. Consciência fonoarticulatória: Boquinhas em 3D como recurso pedagógico. *In*: SCHERER, A. P. R.; WOLFF, C. L. (orgs.). *Consciência linguística na escola*: Experiências e vivências na sala de aula e na formação de professores. Curitiba: Appris, 2020, p. 193-206.

MICHALLICK-TRIGINELLI, M. F.; CARDOSO-MARTINS, C. The role of phonological awareness and rapid automatized naming in the prediction of reading difficulties in Portuguese. *Psicologia – Reflexão e Crítica*, v. 28, n. 4, p. 823–828, 2015.

MIRANDA, A. R. M. Aquisição da linguagem: Escrita e fonologia. *In*: LAZZAROTTO-VOLCÃO, C.; FREITAS, M. J. (orgs.). *Estudos em Fonética e Fonologia – Coletânea em homenagem a Carmen Matzenauer*. Curitiba: Editora CRV, 2018, p. 335–364.

MONTGOMERY, J. W.; GILLAM, R. B.; EVANS, J. L.; SCHWARTZ, S.; FARGO, J. D. A comparison of the storage-only deficit and joint mechanism deficit hypotheses of the verbal working memory storage capacity limitation of children with Developmental Language Disorder. *Journal of Speech, Language, and Hearing Research*, v. 62, n. 10, p. 3808–3825, 2019.

MONTRUL, S. Is the heritage language like a second language? *Eurosla Yearbook*, v. 12, n. 1, p. 1–29, 2012.

MOOJEN, S.; LAMPRECHT, R.; SANTOS, R. M.; FREITAS, G. M.; BRODACZ, R.; SIQUEIRA, M.; COSTA, A. C.; GUARDA, E. *Consciência fonológica*: Instrumento de avaliação sequencial (CONFIAS). São Paulo: Casa do Psicólogo, 2003.

MORAIS, J. Criar leitores para uma sociedade democrática. *Signo*, v. 38. n. especial, p. 2–28, 2013a.

MORAIS, J. *Criar leitores*: Para professores e educadores. São Paulo: Manole, 2013b.

MORAIS, J. O que faz a diferença entre a linguagem rica e a linguagem pobre? *Signo*, v. 44, n. 81, p. 02–21, 2019.

MORAIS, J. Roda de conversa "processos evolutivos e emergentes no desenvolvimento da literacia", com J. Morais, R. Kolinsky e R. Gabriel. Transcrita por J. dos Santos e K. S. de Carvalho. *In*: GABRIEL, R.; GUIMARÃES, R. E.; TOWSEND, S. A. M. (orgs.). *Alfabetização*: Interculturalidade, cognição e diversidade linguística. Campinas: Pontes Editores, 2021, p. 573–593.

MORAIS, J.; BERTELSON, P.; CARY, L.; ALEGRIA, J. Literacy training and speech segmentation. *Cognition*, v. 24, n. 1-2, p. 45–64, 1986.

MORAIS, J.; CARY, L.; ALEGRIA, J.; BERTELSON, P. Does awareness of speech as a sequence of phones arise spontaneously? *Cognition*, v. 7, n. 4, p. 323–331, 1979.

MORAIS, J.; KOLINSKY, R. Psicolinguística e leitura. *In*: MAIA, M. (org.). *Psicolinguística, psicolinguísticas*: Uma introdução. São Paulo: Contexto, 2015, p. 129–141.

MORAIS, J. LEITE, I.; KOLINSKY, R. Entre a pré-leitura e a leitura hábil: Condições e patamares da aprendizagem. *In*: MALUF, M. R.; CARDOSO-MARTINS,

C. (orgs.). *Alfabetização no século XXI*: Como se aprende a ler e escrever. Porto Alegre: Penso, 2013, p. 17-48.

MORGAN-SHORT, K.; ULLMAN, M. T. The neurocognition of second language. *In*: GASS, S. M.; MACKEY, A. (eds.). *The Routledge handbook of second language acquisition*. New York: Routledge, 2012, p. 282-299.

NAKAMURA, M.; KOLINSKY, R.; SPAGNOLETTI, C.; MORAIS, J. Phonemic awareness in alphabetically literate Japanese adults: The influence of the first acquired writing system. *Cahiers de Psychologie Cognitive / Current Psychology of Cognition*, v. 17, n. 2, p. 417-450, 1998.

NASSAJI, H.; KARTCHAVA, E. Content-based L2 teaching. *In*: SCHWIETER, J. W.; BENATI, A. (eds.). *The Cambridge handbook of language learning*. Cambridge: Cambridge University Press, 2019, p. 597-620.

NATION, K. Children's reading comprehension difficulties. *In*: SNOWLING, M. J.; HULME, C. (eds.). *The science of reading*: A handbook. Malden: Blackwell, 2005, p. 248-265.

NOUWENS, S.; GROEN, M. A.; KLEEMANS, T.; VERHOEVEN, L. How executive functions contribute to reading comprehension. *British Journal of Educational Psychology*, v. 91, n. 1, p. 169-192, 2021.

PASQUARELLA, A.; DEACON, H.; CHEN, X.; COMMISSAIRE, E.; AU-YEUNG, K. Acquiring orthographic processing through word reading: Evidence from children learning to read French and English. *International Journal of Disability, Development and Education*, v. 61, n. 3, p. 240-257, 2014.

PAULSTON, C. B. *Bilingual education*: Theories and issues. Massachusetts: Newbury House Publishers, Inc., 1980.

PEGADO, F.; NAKAMURA, K.; BRAGA, L. W.; VENTURA, P.; NUNES FILHO, G.; PALLIER, C.; JOBERT, A.; MORAIS, J.; COHEN, L.; KOLINSKY, R.; DEHAENE, S. Literacy breaks mirror invariance for visual stimuli: a behavioral study with adult illiterates. *Journal of Experimental Psychology - General*, v. 143, n. 2, p. 887-894, 2014.

PEREIRA, A. E.; CARVALHO, K. S. de. Leitura compartilhada: Um novo olhar para a educação infantil. *In*: GABRIEL, R.; GUIMARÃES, R. E.; TOWNSEND, S. A. M. (orgs.). *Alfabetização*: Interculturalidade, cognição e diversidade linguística. Campinas: Pontes Editores, 2021, p. 137-158.

PEREIRA, V. W.; SCHMIDT, D. S.; BORGES, C. B. Jogos de ensino da leitura em tecnologias múltiplas e gamificação: Um estudo com alunos do 2º ano do Ensino Fundamental. *In*: GABRIEL, R.; GUIMARÃES, R. E.; TOWNSEND, S. A. M.

(orgs.). *Alfabetização*: Interculturalidade, cognição e diversidade linguística. Campinas: Pontes Editores, 2021, p. 93-117.

PERFETTI, C. A. Reading ability: Lexical quality to comprehension. *Scientific Studies of Reading*, v. 11, n. 4, p. 357-383, 2007.

PERFETTI, C. A.; HART, L. The Lexical Quality Hypothesis. *In*: VERHOEVEN, L.; ELBRO, C.; REITSMA, P. (eds.). *Precursors of Functional Literacy*. Amsterdam: John Benjamims, 2002, p. 189-213.

PERFETTI, C. A.; STAFURA, J. Word knowledge in a theory of reading comprehension. *Scientific Studies of Reading*, v. 18, n.1, p. 22-37, 2014.

PERKINS, D. N.; SALOMON, G. Transfer of learning. *In*: HUSÉN, T.; POSTLETHWAITE, T. N. (eds.). *International Encyclopedia of Education*, 2. ed., Oxford: Pergamon, 1992, p. 425-441.

PIANTA, R. C.; LA PARO, K. Improving early school success. *Educational Leadership*, v. 60, n. 7, p. 24-29, 2003.

PINKER, S. *The language instinct*. Cambridge: MA: Harvard University Press, 1994.

PORT, R. F. How are words stored in memory? Beyond phones and phonemes. *New Ideas in Psychology*, v. 25, p. 143-170, 2007a.

PORT, R. F. The graphical basis of phones and phonemes. *In*: BOH, O.-S.; MUNRO, M. J. (eds.). *Language experience in second language speech learning*: In honor of James Emil Flege. Amsterdam: John Benjamins Publishing Company, 2007b, p. 349-365.

PORT, R. F. The problem of speech patterns in time. *In*: GASKELL, G. (ed.). *The Oxford handbook of Psycholinguistics*. Oxford: Oxford University Press, 2007c, p. 503-504.

PORT, R. F. Language as a social institution: Why phonemes and words do not live in the brain. *Ecological Psychology*, v. 22, n. 4, p. 304-326, 2010a.

PORT, R. F. Rich memory and distributed phonology. *Language Sciences*, v. 32, n. 1, p. 43-55, 2010b.

PORT, R. F. Toward a triple-weak theory of phonology/phonetics. *The Journal of the Acoustical Society of America* v. 140, n. 3164, 2016.

PORT, R. F.; LEARY, A. P. Against formal phonology. *Language*, v. 81, n. 4, p. 927-964, 2005.

PRAKASH, P.; REKHA, D.; NIGAM, R.; KARANTH, P. Phonological awareness, orthography and literacy. *In*: SCHOLES, R. (ed.). *Literacy and language awareness*. Hillsdale: NJ Erlbaum, 1993, p. 55-70.

PRICE, C. J. A review and synthesis of the first 20 years of PET and fMRI studies of heard speech, spoken language and reading. *NeuroImage*, v. 62, n. 2, p. 816–847, 2012.

PROCTOR, C. P.; AUGUST, D.; SNOW, C.; BARR, C. D. The interdependence continuum: A perspective on the nature of Spanish–English bilingual reading comprehension. *Bilingual Research Journal*, v. 33, n. 1, p. 5–20, 2010.

PROCTOR, C. P.; HARRING, J. R.; SILVERMAN, R. D. Linguistic interdependence between Spanish Language and reading: A longitudinal exploration from second through fifth grade. *Bilingual Research Journal*, v. 40, n. 4, p. 372–391, 2017.

RAKHLIN, N. V.; CARDOSO-MARTINS, C.; GRIGORENKO, E. L. Phonemic awareness is a more important predictor of orthographic processing than rapid serial naming: evidence from Russian. *Scientific Studies of Reading*, v. 18, n. 6, p. 395–414, 2014.

RAMIREZ, G.; CHEN, X.; GEVA, E.; LUO, Y. Morphological awareness and word reading in English language learners: Evidence from Spanish- and Chinese--speaking children. *Applied Psycholinguistics*, v. 32, n. 3, p. 601–618, 2011.

RAMOS, N. S. C. *Consciência fonológica e aprendizagem da língua escrita*: O papel do conhecimento (meta)linguístico do professor alfabetizador do ciclo da infância. Tese (Doutorado em Letras). Porto Alegre: Pontifícia Universidade Católica do Rio Grande do Sul, 2012.

RANTA, L.; LYSTER, R. Form-focused instruction. *In*: GARRETT, P.; COTS, J. M. (eds.). *The Routledge handbook of language awareness*. New York: Routledge, 2018, p. 40–56.

READ, C.; YUN-FEI, Z.; HONG-YIN, N.; BAO-QING, D. The ability to manipulate speech sounds depends on knowing alphabetic writing. *Cognition*, v. 24, n. 1-2, p. 31–44, 1986.

RENOU, J.; An examination of the relationship between metalinguistic awareness and second language proficiency of adult learners of French. *Language Awareness*, v. 10, n. 4, p. 248–267, 2001.

RICHES, C.; GENESEE, F. Literacy: crosslinguistic and crossmodal issues. *In*: GENESEE, F.; LINDHOLM-LEARY, K.; SAUNDERS, W.; CHRISTIAN, D. (eds.) *Educating English language learners*. New York, NY: Cambridge University Press, 2006, p. 64–108.

ROEHR, K. Metalinguistic knowledge and language ability in university-level L2 learners. *Applied Linguistics*, v. 29, n. 2, p. 173–199.

ROLSTAD, K.; MacSWAN, J. The facilitation effect and language thresholds. *Frontiers in Psychology*, v. 5, article 1197, 2014.

ROSENBROCK, E.; FRITZEN, M. P.; HEINIG, O. L. O. M. (Inter)relações entre práticas de letramentos na escrita de narrativas em alemão e em português por crianças que vivem em contexto de alemão como língua de herança familiar. *Pandaemonium Germanicum*, São Paulo, v. 21, n. 33, p. 136–164, 2018.

RUECKL, J. G.; PAZ-ALONSO, P. M.; MOLFESE, P. J.; KUO, W. J.; BICK, A.; FROST, S. J; HANCOCK, R.; WU, D. H.; MENCL, W. E.; DUNABEITIA, J. A.; LEE, J.-R.; OLIVER, M.; ZEVIN, J. D.; HOEFT, F.; CARREIRAS, M.; TZENG, O. J. L.; PUGH, K. R.; FROST, R. Universal brain signature of proficient reading: Evidence from four contrasting languages. *Procedures of the National Science USA*, v. 112, n. 50, p. 15510–15515, 2015.

SAIEGH-HADDAD, E. What is phonological awareness in L2? *Journal of Neurolinguistics*, v. 50, p. 17–27, 2019.

SANTOS, R. M. Sobre consciência fonoarticulatória. *In*: LAMPRECHT, R. R.; BLANCO-DUTRA, A. P. B.; SCHERER, A. P. R.; MENNA-BARRETO, F.; BRISOLARA, L. B.; SANTOS, R. M. ALVES, U. K. *Consciência dos sons da língua*: Subsídios teóricos e práticos para alfabetizadores, fonoaudiólogos e professores de língua inglesa. 2. ed. Porto Alegre: EDIPUCRS, p. 57–72, 2012.

SARAIVA DE CARVALHO, K.; GABRIEL, R. Escrever à mão versus digitar: Implicações cognitivas no processo de alfabetização. *Letrônica*, v. 13, n. 4, p. e37514, 8 out. 2020. Disponível em https://revistaseletronicas.pucrs.br/ojs/index.php/letronica/article/view/37514. Acesso em 11 de agosto de 2022. DOI: https://doi.org/10.15448/1984-4301.2020.4.37514

SCHERER, A. P. R. *Consciência fonológica e explicitação do princípio alfabético*: Importância para o ensino da língua escrita. Tese (Doutorado em Letras). Porto Alegre: Pontifícia Universidade Católica do Rio Grande do Sul, 2008.

SCHERER, A. P. R. Consciência fonológica na alfabetização infantil. *In*: LAMPRECHT, R. R.; BLANCO-DUTRA, A. P. B.; SCHERER, A. P. R.; MENNA-BARRETO, F.; BRISOLARA, L. B.; SANTOS, R. M. ALVES, U. K. *Consciência dos sons da língua*: Subsídios teóricos e práticos para alfabetizadores, fonoaudiólogos e professores de língua inglesa. 2. ed. Porto Alegre: EDIPUCRS, 2012, p. 109–119.

SCHERER, A. P. R.; WOLFF, C. L. Como trabalhar a consciência fonológica na alfabetização? *In*: SCHERER, A. P. R.; WOLFF, C. L. (orgs.). *Consciência linguística na escola*: Experiências e vivências na sala de aula e na formação de professores. Curitiba: Appris, 2020a, p. 99–118.

SCHERER, A. P. R.; WOLFF, C. L. (orgs.). *Consciência linguística na escola*: Experiências e vivências na sala de aula e na formação de professores. Curitiba: Appris, 2020b.

SCHMIDT, R. The role of consciousness in second language learning. *Applied Linguistics*, v. 11, p. 129-158, 1990.

SCLIAR-CABRAL, L. Capacidades metafonológicas e os princípios do sistema alfabético do português do Brasil. *Trabalho apresentado no IV Congresso Brasileiro de Neuropsicologia*. Rio de Janeiro, 1999.

SCLIAR-CABRAL, L. Capacidades metafonológicas e testes de avaliação: Implicações sobre o ensino do português. *Perspectiva*, v. 20, n. 1, p. 139-156, 2002.

SCLIAR-CABRAL, L. *Princípios do sistema alfabético do Português Brasileiro*. São Paulo: Contexto, 2003.

SCLIAR-CABRAL, L. Psicolinguística e alfabetização. *In*: MAIA, M. (org.). *Psicolinguística, psicolinguísticas*: Uma introdução. São Paulo: Contexto, 2015, p. 113-128.

SCLIAR-CABRAL, L. Textos essenciais e fundamentos do Sistema Scliar de Alfabetização. *Revista Virtual de Estudos da Linguagem (REVEL)*, v. 15, p. 250-273, 2018a.

SCLIAR-CABRAL, L. Inter-relação entre o biológico e o cultural: Psicolinguística e educação. *In*: MAIA, Marcus (org.). *Psicolinguística e educação*. Campinas: Mercado de Letras, 2018b, p. 25-55.

SCLIAR-CABRAL, L. *Sistema Scliar de Alfabetização* – Roteiros para o professor: módulo 1, v. 1. Florianópolis: Editora Lili, 2018c.

SCLIAR-CABRAL, L. *Sistema Scliar de Alfabetização* – Caderno de Atividades: Módulo 1, Leitura. Florianópolis: Editora Lili, 2020a.

SCLIAR-CABRAL, L. *Aventuras de Vivi* – Livro 1. Florianópolis: Editora Lili, 2020b.

SCLIAR-CABRAL, L.; BISPO, R. O.; SANTOS, S. S. Sistema Scliar de Alfabetização: Proposta inovadora. *In*: FARIA, E.; SILVA, W. R. (orgs.). *AlfabetizAÇÕES*. Campinas: Pontes Editores, 2022, p. 228-250.

SELAU, I. L.; SCHERER, A. P. R. Fases de escrita de Ehri: Analisando a escrita de crianças por um viés alfabético. *In*: GABRIEL, R.; GUIMARÃES, R. E.; TOWNSEND, S. A. M. (orgs.). *Alfabetização*: Interculturalidade, cognição e diversidade linguística. Campinas: Pontes Editores, 2021, p. 49-73.

SELKIRK, E. The syllable. *In*: HULST, H., SMITH, N. *The structure of phonological representations* – Part 2. Foris: Dordrecht, 1982, p. 337-384.

SÉNÉCHAL, M. Young children's home literacy experiences. *In*: POLLATSEK, A.; TREIMAN, R. (eds.) *The Oxford Handbook of Reading*. New York: Oxford University Press, 2015, p. 397-414.

SÉNÉCHAL, M.; LeFEVRE, J.; THOMAS, E. M.; DALEY, K. Differential effects of home-literacy experiences on the development of oral and written language. *Reading Research Quarterly*, v. 33, n. 1, p. 96-116, 1998.

SENGOTTUVEL, K.; VASUDEVAMURTHY, A.; ULLMAN, M. T.; EARLE, F. S. Learning and consolidation of declarative memory in good and poor readers of English as a Second Language. *Frontiers in Psychology*, v. 11, n. 715, p. 1-8, 2020.

SHAYWITZ, B. A.; SHAYWITZ, S. E.; BLACHMAN, B. A.; PUGH, K. R.; FULBRIGHT, R. K.; SKUDLARSKI, P.; MENCL, W. E.; COSTABLE, R. T.; HOLAHAN, J. M.; MARCHIONE, K. E.; FLETCHER, J. E.; LYON, G. R.; GORE, J. C. Development of left occipitotemporal systems for skilled reading in children after a phonologically based intervention. *Biological Psychiatry*, v. 55, n. 9, p. 926-933, 2004.

SHOWALTER, C. E.; HAYES-HARB, R. Native English speakers learning Arabic: The influence of novel orthographic information on second language phonological acquisition. *Applied Psycholinguistics*, v. 36, n. 1, p. 23-42, 2015.

SILVA, A. H. P. A variável tempo nos estudos em aquisição. In: BRAWERMAN-ALBINI, A.; GOMES, M. L. C. (orgs.). *O jeitinho brasileiro de falar inglês*: Pesquisas sobre a pronúncia do inglês por falantes brasileiros. São Paulo: Pontes Editores, 2014, p. 33-48.

SILVA, A. H. P. O sistema consonantal do Português Brasileiro. *In*: ALVES, U. K.; MACHRY DA SILVA, S.; BRISOLARA, L. B.; ENGELBERT, A. P. P. F. (orgs.). *Fonética e fonologia de línguas estrangeiras*: subsídios para o ensino. Campinas: Pontes Editores, 2020, p. 369-391.

SILVEIRA, R.; GONÇALVES, A. R. Efeito da ortografia. *In*: KUPSKE, F. F.; ALVES, U. K.; LIMA JR., R. M. (orgs.). *Investigando os sons das línguas não nativas*: Uma introdução. Campinas: Editora da ABRALIN, 2021, p. 129-152.

SNOW, C. E.; BURNS, M. S.; GRIFFIN, P. (eds.). *Preventing reading difficulties in young children*. Washington, DC: National Research Council, National Academy Press, 1998.

SOARES, M. Letramento e alfabetização: as muitas facetas. *Revista Brasileira de Educação*, n. 25, p. 5-17, 2004.

SOARES, M. *Alfabetização e letramento*. 7 ed. 4ª reimpressão. São Paulo: Contexto, 2020a.

SOARES, M. A. *Alfabetização*: A questão dos métodos. 1. ed. 4ª. reimpressão. São Paulo: Contexto, 2020b.

SOARES, M. A. *Alfaletrar*: Toda criança pode aprender a ler e escrever. São Paulo: Contexto, 2020c.

SOUSA, L.B.; GABRIEL, R. Does the mental lexicon exist? *Revista de Estudos da Linguagem*, [S.l.], v. 23, n. 2, p. 335-361, sep. 2015. ISSN 2237-2083. Disponível em: <http://www.periodicos.letras.ufmg.br/index.php/relin/article/view/5642>. Acessado em: 11 agosto 2022. doi:http://dx.doi.org/10.17851/2237-2083.23.2.335-361.

SPAGNOLETTI, C.; MORAIS, J.; ALEGRIA, J.; DOMINICY, M. Metaphonological abilities of Japanese children. *Reading and Writing*: An Interdisciplinary Journal, v. 2, s/n, p. 221-244, 1989.

STANOVICH, K.; CUNNINGHAM, A. E.; CRAMER, B. B. Assessing phonological awareness in kindergarten children: Issues of task comparability. *Journal of Experimental Child Psychology*, v. 38, p. 175-190, 1984.

STOTHARD, S. E.; HULME, C. A comparison of phonological skills in children with reading comprehension difficulties and children with decoding difficulties. *Journal of Child Psychology and Psychiatry*, v. 36, n. 3, p. 399-408, 1995.

SWAN, D.; GOSWAMI, U. Phonological awareness deficits in developmental dyslexia and the phonological representations hypothesis. *Journal of Experimental Child Psychology*, v. 66, n. 1, p. 18-41, 1997.

TOVAR-MOLL, F.; LENT, R. The various forms of neuroplasticity: Biological bases of learning and teaching. *Prospects*, v. 46, p. 199-213, 2017.

TUNMER, W. E.; HERRIMAN, M. L. The development of metalinguistic awareness: A conceptual overview. *In*: TUNMER, W. E.; PRATT, C.; HERRIMAN, M. L. (eds.). *Metalinguistic awareness in children*: Theory, research and implications. Berlin: Springer-Verlag, 1984, p. 12-35.

UCCELLI, P.; PÁEZ, M. M. Narrative and vocabulary development of bilingual children from kindergarten to first grade: developmental changes and associations among English and Spanish skills. *Language, Speech, and Hearing Services in Schools*, v. 38, n. 3, p. 225-236, 2007.

ULLMAN, M. T. The neural basis of lexicon and grammar in first and second language: The Declarative/Procedural Model. *Bilingualism: Language and Cognition*, v. 4, n. 2, p. 105-122, 2001.

ULLMAN, M. T. A cognitive neuroscience perspective on second language acquisition: The Declarative/Procedural Model. *In*: SANZ, C. (ed). *Mind and context in adult second language acquisition*: Methods, theory and practice. Washington: Georgetown University Press, 2005, p. 141-178.

ULLMAN, M. T. The Declarative/Procedural Model and the shallow-structure hypothesis. *Applied Psycholinguistics*, v. 27, n. 1, p. 97-105, 2006.

ULLMAN, M. T. The Declarative/Procedural Model. *In*: ROBINSON, P. (ed.). *The Routledge encyclopedia of second language acquisition*. New York: Routledge, 2012, p. 160-164.

ULLMAN, M. T. The Declarative/Procedural Model: A neurobiologically-motivated theory of first and second language. *In*: VanPATTEN, B.; KEATING, G. D.; WULFF, S. (eds.). *Theories in second language acquisition* – An introduction. 3. ed. New York: Routledge, 2020, p. 128–161.

ULLMAN, M. T.; EARLE, F. S.; WALENSKI, M.; JANACSEK, K. The neurocognition of developmental disorders of language. *Annual Review of Psychology*, v. 71, p. 389–417, 2020.

Van DIJK, T. A.; KINTSCH, W. *Strategies of Discourse Comprehension*. New York: Academic Press, 1983.

VanPATTEN, B.; KEATING, G. D.; WULFF, S. *Theories in second language acquisition* – An introduction. 3. ed. New York: Routledge, 2020.

VELOSO, J. M. P. S. A. *Da influência do conhecimento ortográfico sobre o conhecimento fonológico*: Estudo longitudinal de um grupo de crianças falantes nativas do Português Europeu. Tese (Doutorado em Linguística). Porto: Universidade do Porto, 2003.

VELOSO, J. M. P. S. A. A língua na escrita e a escrita da língua – Algumas considerações gerais sobre transparência e opacidade fonêmicas na escrita do português e outras questões. *Da investigação às práticas*: Estudos de natureza educacional, v. 1, n. 1, p. 49–69, 2005.

VERHOEVEN, L. Early bilingualism, language transfer, and phonological awareness. *Applied Psycholinguistics*, v. 28, n. 3, p. 425–439, 2007.

VERHOEVEN, L. *Second language reading acquisition.* In: KAMIL, M. L.; PEARSON, P. D.; MOJE, E.B.; AFFLERBACH, P.P. (eds.) *Handbook of reading research* (Vol. IV). New York: Routledge, 2011, p. 661–683.

VERSPOOR, M. Complex Dynamic Systems Theory and L2 pedagogy: Lessons to be learned. *In*: ORTEGA, L.; HAN, Z.H. (eds.). *Complexity Theory and language development*: In celebration of Diane Larsen-Freeman. Amsterdam: John Benjamins Publishing Company, 2017, p. 209–231.

WHITE, L. J.; FERNANDEZ, V. A.; GREENFIELD, D. B. Assessing classroom quality for Latino dual language learners in Head Start: DLL-Specific and general teacher-child interaction perspectives. *Early Education and Development*, v. 31, n. 4, p. 1–29, 2019.

YANDEN, D.; TSAI, T. Learning how to write in English and Chinese: Young bilingual kindergarten and first grade children explore the similarities and differences between writing systems. In: BAUER, E.; GORT, M. (eds.) *Early biliteracy development*: Exploring young Learners' use of their linguistic resources. New York: Routledge, 2012, p. 55–83.

YOUNG-SCHOLTEN, M.; LANGER, M. The role of orthographic input in L2 German: Evidence from naturalistic adult learners' production. *Applied Psycholinguistics*, v.36, n.1, p. 93–114, 2015.

ZIMMER, M. C.; SILVEIRA, R.; ALVES, U. K. *Pronunciation instruction for Brazilians:* Bringing theory and practice together. 1. ed. Newcastle upon Tyne: Cambridge Scholars Publishing, 2009.

Coleção de Linguística

- *História concisa da língua portuguesa*
Renato Miguel Basso e Rodrigo Tadeu Gonçalves
- *Introdução ao estudo do léxico*
Alina Villalva e João Paulo Silvestre
- *Estruturas sintáticas – Edição comentada*
Noam Chomsky
- *Gramáticas na escola*
Roberta Pires de Oliveira e Sandra Quarezemin
- *Introdução à Semântica Lexical*
Márcia Cançado e Luana Amaral
- *Gramática descritiva do português brasileiro*
Mário A. Perini
- *Os fundamentos da teoria linguística de Chomsky*
Maximiliano Guimarães
- *Uma breve história da linguística*
Heronides Moura e Morgana Cambrussi
- *Estrutura da língua portuguesa – Edição crítica*
Joaquim Mattoso Camara Jr.
- *Manual de linguística – Semântica, pragmática e enunciação*
Márcia Romero, Marcos Goldnadel, Pablo Nunes Ribeiro e Valdir do Nascimento Flores
- *Problemas gerais de linguística*
Valdir do Nascimento Flores
- *Relativismo linguístico ou como a língua influencia o pensamento*
Rodrigo Tadeu Gonçalves
- *Mudança linguística*
Joan Bybee
- *Construcionalização e mudanças construcionais*
Elizabeth Closs Traugott e Graeme Trousdale
- *Introdução a uma ciência da linguagem*
Jean-Claude Milner
- *História da linguística – Edição revista e comentada*
Joaquim Mattoso Camara Jr.
- *Problemas de linguística descritiva – Edição revista e comentada*
Joaquim Mattoso Camara Jr.
- *Alfabetização em contextos monolíngue e bilíngue*
Ubiratã Kickhöfel Alves e Ingrid Finger

Conecte-se conosco:

f facebook.com/editoravozes

◉ @editoravozes

🐦 @editora_vozes

▶ youtube.com/editoravozes

🟢 +55 24 2233-9033

www.vozes.com.br

Conheça nossas lojas:
www.livrariavozes.com.br

Belo Horizonte – Brasília – Campinas – Cuiabá – Curitiba
Fortaleza – Juiz de Fora – Petrópolis – Recife – São Paulo

EDITORA VOZES LTDA.
Rua Frei Luís, 100 – Centro – Cep 25689-900 – Petrópolis, RJ
Tel.: (24) 2233-9000 – E-mail: vendas@vozes.com.br